ENCONTREI UM PAI

Dados Internacionais de Catalogação na Publicação (CIP)
(Câmara Brasileira do Livro, SP, Brasil)

Rostirola, Junior
Encontrei um pai / Junior Rostirola. -- 2. ed. -- São Paulo, SP: Editora Vida, 2023.

ISBN 978-65-5584-414-6
e-ISBN: 978-65-5584-415-3

1. Deus (Cristianismo) - Adoração e amor 2. Experiência religiosa - Narrativas pessoais 3. Histórias de vida 4. Pastores - Autobiografia 5. Vida cristã I. Título.

23-152087 CDD-248.892

Índices para catálogo sistemático:

1. Pastores evangélicos : Autobiografia 248.892
Henrique Ribeiro Soares - Bibliotecário - CRB-8/9314

JUNIOR ROSTIROLA

ENCONTREI UM PAI

RECONHEÇA QUEM VOCÊ É
E VIVA O SEU PROPÓSITO

EDITORA VIDA
Rua Conde de Sarzedas, 246 — Liberdade
CEP 01512-070 — São Paulo, SP
Tel.: 0 xx 11 2618 7000
atendimento@editoravida.com.br
www.editoravida.com.br
@editora_vida /editoravida

Direção: Renan Menezes
Editora-chefe: Sarah Lucchini
Editora responsável: Mara Eduarda V. Garro
Preparação: Mara Eduarda V. Garro
Padronização e revisão de provas: Eliane Viza B. Barreto
Coordenadora de design gráfico: Claudia Fatel Lino
Projeto gráfico e diagramação: Marcelo Alves de Souza
Ilustração: Willians Rentz
Capa: Jonatas Cunico

ENCONTREI UM PAI

1. edição: jul. 2019
2. edição: abr. 2023
1. reimp.: maio 2023

Esta obra foi composta em *Utopia* e impressa por Gráfica Imprensa da Fé sobre papel *Offset* 90g/m² para Editora Vida.

Dedico este livro a Deus,
que nunca me abandonou
e sempre esteve de
braços abertos para me
receber como filho. Sua
paternidade restaurou a
minha filiação, e hoje posso
dizer que Encontrei um Pai.

Sumário

Agradecimentos

CHEGAR ATÉ AQUI NÃO foi fácil, mas, com o auxílio de Deus e de pessoas especiais, foi possível. A graça de ter encontrado um Pai me fez ver também que hoje sou rodeado de amigos e pessoas extraordinárias.

Eu acredito que a gratidão enobrece a vida. Por isso, quero dedicar estas palavras para agradecer a algumas pessoas importantes por sua contribuição na construção deste livro tão profundo.

Quero agradecer, em primeiro lugar, à minha mãe, que, praticamente sozinha, ensinou-nos valores e princípios, e que, com sua bondade, perseverança e intensidade incríveis, nunca desistiu. Esse amor me fez vencer as piores situações. Essa grande mulher está sempre ao meu lado, torcendo por mim e mostrando que é possível permanecer em vitória. Obrigado, mãe, por nunca ter desistido da nossa família! Você marcou a nossa história para sempre.

À minha linda esposa, Michelle. Você é uma mulher incrível, que tem sido auxiliadora, compreensiva, companheira e a minha maior incentivadora. Sua confiança em mim permanece sendo a força que tem me feito sempre acreditar que é possível. Te amo!

Aos meus amados filhos, João Pedro e Isabella. Por meio do nascimento de vocês, o Senhor Deus me concedeu o privilégio de ser pai. Hoje, tudo o que recebo do meu Pai posso dar a vocês, amor, provisão, proteção e promoção.

Às minhas irmãs Kátia, Cristiane e, em especial, à Michele, que colaborou contando um pouco da nossa história. Agradeço também aos meus cunhados e sobrinhos por sempre estarem ao meu lado e por vivenciarem momentos marcantes, vencendo com a nossa família.

Aos meus sogros, Francisco e Zilma, por sempre me apoiarem e estarem por perto.

A todas as pessoas que, de forma direta ou indireta, fizeram parte da minha jornada e marcaram a minha trajetória.

Aos vizinhos e amigos que sempre acolheram e abrigaram a nossa família quando precisamos.

À senhora Irene Maria Teixeira, que mudou toda a minha vida por meio daquele convite para o meu primeiro culto de domingo.

Agradeço à minha amada Igreja Reviver, onde tenho vivenciado o amor de Deus todos os dias. Atualmente, sou pai de uma multidão, porque tenho uma igreja que me honra como pai espiritual.

À equipe pastoral, que me auxilia e sempre está à disposição para servir e estar ao meu lado. Aos líderes de ministérios e a todos os voluntários, que têm acreditado na visão que tenho recebido de Deus Pai. Vocês são a melhor equipe do mundo!

Aos pastores, Carlito e Leila Paes, por me mentorearem, ajudarem na caminhada ministerial, aconselharem, inspirarem e empoderarem a minha vida.

Ao Ivonei, à Amanda, ao Anísio, ao Francisco, ao Fábio, ao Marcos e à Gláucia, que colaboraram na leitura e correção deste projeto.

Agradeço à Editora Vida, sobretudo, ao meu amigo Sérgio, por acreditar que esta obra alcançaria milhares de pessoas em todos os lugares.

À Gisele Romão, Sarah Lucchini e toda a equipe editorial.

Agradeço a Deus pelo privilégio de poder compartilhar este livro, e a você por adquiri-lo.

Muito obrigado!

Prefácio

POR CARLITO PAES

Pastor Líder da Igreja da Cidade,
fundador da Rede Inspire de Igrejas, autor de
diversos livros, entre eles *Igreja Família*.

ENCONTREI UM PAI fala sobre a jornada de um homem com Deus e sua nova história de filho espiritual e pastor. Conheço o pastor Junior Rostirola e sua esposa Michelle há muitos anos. E tem sido muito especial ver seu processo de restauração e crescimento, de forma pessoal e ministerial. Sua igreja, a Reviver em Itajaí, nasceu com oito irmãos e cresceu para cerca de sete mil pessoas sob sua liderança. A Igreja Reviver tem se destacado na cidade e em todo estado de Santa Catarina. Por meio da Rede Inspire, temos visto o quanto eles estão sendo inspirados e vêm inspirando outros, rompendo desafios e crescendo a cada dia!

Uma igreja saudável é um lugar de família. Esse plano perfeito de Deus trouxe ao homem pertencimento, aceitação e destino. É justamente dentro do contexto familiar que o homem descobre sua identidade, desperta para o seu propósito e escreve sua história, cumprindo a vontade de Deus em sua vida. Não fomos projetados para a solidão e o isolamento, mas para relacionamentos reais, profundos, relevantes e poderosos. Para isto a família foi criada: promover uma atmosfera capaz de nos conectar às pessoas de maneira tão significativa, que descobriremos o propósito maior da nossa existência.

Tanto a família biológica como a espiritual são um memorial de que temos um Deus que concede sua paternidade a todos, que se esvazia de si mesmo para nos redimir e que se move para nos consolar. Tudo aponta para o Pai, o Filho e o Espírito Santo. Deus é o centro da família. Os nossos relacionamentos familiares deveriam sempre revelar seu caráter e sua presença.

Dentro do contexto familiar, fomos criados à imagem de Deus para espelhar e espalhar a sua glória. A liberdade é uma marca da imagem do Criador em nós. Somos livres para escolher seu plano perfeito ou para rejeitá-lo.

Deus continua governando a História, sem controlar a nossa vida, mas nunca participaremos da sua glória e das suas bênçãos se não tivermos seus princípios e valores. A presença dele é a garantia do sucesso familiar.

O pecado tem destruído o registro das digitais de Deus na família, criando lares completamente disfuncionais, nos quais traumas, rejeição, violência, abandono, morte e insegurança tornam-se as sombrias marcas do homem livre para rejeitar a Deus, porém aprisionado numa vida destrutiva. Onde a paternidade deveria ser revelada, a orfandade tem se manifestado, desfigurando a identidade das pessoas, levando-as a uma vida pequena, sem sentido e sem esperança.

Certamente, é desolador e assustador ver as consequências da ausência de Deus nas famílias marcadas pelo pecado. Esse ato causa um vazio eterno. Como reparar tantas vidas destruídas pelo vício? Como trazer esperança em meio ao caos de famílias permeadas por ódio, abandono e violência?

Aqui você encontrará uma história real. O pastor Junior é um milagre. Deus não está escrevendo o ideal que desejamos, está interferindo na realidade que vivemos e trazendo a sua perfeição, transformando o impossível em milagre. Esta é a história de um homem que permitiu o toque de Deus em seu coração, blindando-o da amargura e do rancor, promovendo a cura, apagando os sinais de destruição do seu passado e movendo-o para o seu destino.

Participar da sua história e ver o que Deus está escrevendo em sua vida e ministério é de fato uma lembrança poderosa de que, no final, o amor sempre vence e o mal perde. A escravidão da orfandade será completamente destruída pelo poder redentor do amor de Cristo revelado por sua Igreja, que nos conecta ao Pai e nos proporciona a identidade de filhos amados de Deus.

Onde a família biológica falhar, a família espiritual poderá alcançar e restituir. Na igreja, há esperança para as famílias. Deus está despertando homens como o pastor Junior e sua esposa Michelle para destruírem os bloqueadores gerados pela orfandade e mudarem a realidade por meio do despertamento das suas vocações.

O toque de Deus não promove apenas a cura, mas traz destino. Homens e mulheres que um dia choraram por causa do pecado enxugarão as lágrimas de outras pessoas, trazendo as marcas de Cristo em suas vidas.

As dores de muitas pessoas destruídas pela marca do pecado estão sendo transformadas em ministérios relevantes e influentes que têm se manifestado para restituir o que o Inimigo roubou, ressuscitar o que ele matou e reconstruir o que ele destruiu. Nada pode parar a revolução do amor liberada pela paternidade de Deus.

Todos precisamos de paternidade. Todos precisamos do toque consolador e de cura do Espírito Santo, que é o único que tem a habilidade de tocar no nosso passado sem nos destruir. Uma nova história Deus deseja escrever nas páginas brancas da sua vida, levando-o além da dor e das perdas. Que este livro-testemunho o ajude a não desistir desse processo de restauração!

Faça uma boa leitura e ore ao Deus Pai para que ele também se revele Aba Pai para você! Creia que o melhor de Deus está por vir.

ENCONTREI UM

PAI

Introdução

Palavras de Neemias, filho de Hacalias: No mês de quisleu, no vigésimo ano, enquanto eu estava na cidade de Susã, Hanani, um dos meus irmãos, veio de Judá com alguns outros homens, e eu lhes perguntei acerca dos judeus que restaram, os sobreviventes do cativeiro, e também sobre Jerusalém. E eles me responderam: "Aqueles que sobreviveram ao cativeiro e estão lá na província passam por grande sofrimento e humilhação. O muro de Jerusalém foi derrubado, e suas portas foram destruídas pelo fogo". Quando ouvi essas coisas, sentei-me e chorei. Passei dias lamentando-me, jejuando e orando ao Deus dos céus.

— Neemias 1.1-4

ENCONTRAR O VERDADEIRO PROPÓSITO de vida pode mudar fundamentalmente a história de uma pessoa para melhor, além de ajudá-la a contribuir de forma eficaz para algo positivo no mundo em que vivemos.

Quando alguém tem um propósito — ou chamado — claro em sua vida, passa a enxergar o trabalho que desenvolve com um senso de propriedade, e como fonte de realização e amor. Ele percebe que contribui, dia a dia, para o aprimoramento da sociedade como um todo e para expansão do Reino de Deus na Terra.

Foi exatamente isso que comecei a experimentar quando me voltei para o próximo. Após um encontro com Deus, que mudou radicalmente a minha identidade, fui atraído a seguir o seu propósito para mim e ajudar os que me cercavam. Mas nem sempre foi assim.

Durante muito tempo, fiquei imóvel, sem iniciativa, sem ânimo e sem enxergar sentido para permanecer vivo. Eu podia passar dias sem expressar uma reação sequer. Lembro-me de o mundo estar desmoronando ao meu redor, e eu não ter nenhuma vontade de viver. E isso talvez possa estar acontecendo com você neste exato momento.

Já havia chorado muito. O lamento e a gritaria foram meus "amigos" íntimos por anos, meus e da minha família. Para mim, os sonhos não podiam se tornar realidade. Na verdade, eu não era capaz de sonhar. Ser órfão de pai vivo, a meu ver, é uma das piores coisas que uma criança pode vivenciar. Tudo era medo, insegurança, violência, agressividade, raiva, horror, vergonha e pavor.

Certo dia, porém, descobri minha identidade, e com ela, o meu propósito. Passei pelo filtro catalisador. De forma semelhante ao que acontece na combustão dos veículos, os "gases tóxicos" da minha vida, resultantes de experiências dolorosas que marcaram a minha alma, foram transformados em "gases inofensivos", reduzindo a emissão de "poluentes" na atmosfera — os quais poderiam estar emitindo até hoje, não fosse a graça de Deus.

Depois de encontrar Deus Pai, o "Catalisador", a atmosfera da minha existência foi mudada drasticamente. Não sou mais aquele menino que ficava no banco da escola, sentindo-se abandonado e sem esperança. Agora me sinto capacitado, pelo poder do Espírito Santo, a experimentar uma nova realidade e também levá-la a todos ao meu redor.

Assim como um catalisador, Deus blindou o meu coração contra a absorção de gases tóxicos e tornou-o capaz de transformar os males em combustível para gerar mudança na sociedade. Hoje, com a ajuda de Deus, sou capaz de influenciar a minha geração e as que estão por vir, auxiliando as pessoas que passam por sentimentos contra os quais lutei por muitos anos.

Este livro narra um pouco da minha história. É apenas uma parte, ainda que imprescindível, para que eu me tornasse o que sou hoje. Quando garoto, eu só ouvia notícias ruins e vivia fechado para o mundo, preso em medos e insegurança. Os muros de proteção da minha família tinham sido completamente derrubados. Estávamos em ruínas. Não havia uma janela ou porta que nos proporcionasse alguma chance de escape ou expectativa de um futuro diferente do que conhecíamos.

Entretanto, em meio à humilhação e sofrimento, surgiu uma luz no fim do túnel, uma esperança que me dizia que era possível reconstruir a minha trajetória, ainda que a destruição e o desespero tivessem sido o meu alimento diário ao longo de praticamente toda a minha infância e grande parte da adolescência. Essa é a Esperança que desejo compartilhar com você nestas páginas. Esta obra trata a respeito dela e do que fez em minha jornada.

CAPÍTULO 1

O SONHO DE UMA JOVEM

Essa, portanto, é a triste história de uma jovem que não deu ouvidos ao pai e rendeu-se a uma paixão sem medir as consequências.

QUANDO AINDA ERA MUITO nova, minha mãe se apaixonou pelo meu pai, o jovem Domingos. Meu avô tentou alertá-la, dizendo que havia grandes chances de sua história de amor acabar em tragédia. Não foi difícil perceber que não se tratava de um moço exemplar, e sua inclinação ao alcoolismo era apenas um dos traços que corroboravam essa constatação. Minha mãe, porém, insistiu em se casar com ele. Você pode imaginar como foi!

O meu pai não era do agrado de seu sogro nem de qualquer outro membro da minha família materna. Embora não bebesse muito naquela época, seu vício em estágio inicial causava bastante temor em meu avô, que, definitivamente, não desejava entregar sua filha, a qual havia criado com imenso amor, a um homem como ele.

Essa, portanto, é a triste história de uma jovem que não deu ouvidos ao pai e rendeu-se a uma paixão sem medir as consequências de suas atitudes.

Não à toa, até hoje, eu me entristeço ao pensar em tantos jovens que ignoram os sábios conselhos de seus pais. Muitas vezes, o que dizem pode soar como uma bobagem, dando a entender que não compreendem os sentimentos de seus filhos ou, pior, que erraram gravemente em seus palpites. Foi exatamente isso que minha mãe, Edite, pensou nas duas primeiras semanas de seu casamento, um breve período no qual tudo parecia lindo. Era como um sonho!

Ela conta que estava muito feliz e que os alertas do meu avô, até então, não faziam o menor sentido. Meu pai se mostrava um homem muito bom, levava frutas à noite e preparava vitaminas para ela. Uma beleza de esposo!

Foi uma pena que a lua de mel tenha durado tão pouco.

Ao longo dessa primeira quinzena de casados, eles moraram com os meus avós maternos. Só que o meu pai não se sentia muito confortável e, logo, quis mudar para a casa de um sócio. Bastou chegar àquele "bendito" lugar para que ele se revelasse violento e descontrolado. Foi naquele momento que a minha mãe então percebeu que ele não era exatamente o marido dos sonhos. Seu pai estava certo.

Não demorou muito para que o jovem alcoólatra começasse a frequentar locais de prostituição, chegando à casa com marcas de batom. Enquanto a moça recém-casada ficava pronta, arrumada e cheirosa, esperando pelo marido, meu pai, por sua vez, sequer olhava para ela. Se minha mãe tentasse abraçá-lo, era lançada para fora da cama a pontapés.

— Sai pra lá! Eu já tive mulher hoje! — ele dizia.

Com um mês de casados, a vida da minha mãe já se tornara um inferno, repleto de insultos e agressões físicas. Algumas pessoas próximas a eles, não podendo evitar o conhecimento do caso, chegavam a comentar a respeito da situação com indignação. A esposa do sócio de meu pai, por exemplo, falava:

— Domingos, você tem uma mulher linda, bondosa, que te ama e escolheu ficar com você. Por que faz isso com ela?

Com um mês de casados, a vida da minha mãe já se tornara um inferno, repleto de insultos e agressões físicas.

De fato, ela dava o seu melhor como esposa. Minha mãe sempre foi muito bonita, generosa, amável e compreensiva, e se tornou uma excelente mulher para meu pai. É impossível entender como um homem poderia agir de forma tão repugnante. E eu não consigo deixar de imaginar o sofrimento e a solidão dela ao ter de lidar com as consequências das suas escolhas, sem saber sequer a quem recorrer para pedir ajuda. Uma das situações que ela conta, por exemplo, é que o meu pai ficava de dois a três dias fora de casa. O que ele ganhava de salário, que não era pouco, acabava jogando fora: ora alimentando seus vícios, em bebida e jogatina, ora em bordéis.

Não deve ter sido fácil dividir a casa com meus pais, tendo em vista o comportamento desleal e irresponsável da parte dele. Foi por isso que eles não passaram muito tempo morando com aquele sócio; logo mudaram-se para Celso Ramos, Santa Catarina, assim que um tio lhes ofereceu uma terra por lá. Antes disso, porém, viveram um mês em São Paulo. Inclusive, um fato marcante em toda a história deles é que não paravam em lugar algum, estavam constantemente indo de um lado para outro, sem um rumo certo.

Chegando a São Paulo, certa noite, enquanto se preparavam para comer, minha mãe, atrás da cortina, escutou uma conversa entre seu esposo e um amigo, referindo-se a ela:

— César, tu *pega* e tu *canta* ela. Tu *faz* o que tu *quiser* e, quando *chegar* lá perto de Curitiba, eu quero jogar ela no rio.

Talvez, de tudo, ouvir essas palavras tenha sido sua pior decepção em relação ao marido. Ela sabia que não era amada, mesmo que ele sempre lhe pedisse desculpas e dissesse que seus comentários maldosos não passavam de brincadeiras.

Aonde quer que fosse, a hostilidade com a esposa permanecia, bem como a instabilidade financeira. Partiram então, da breve estadia em São Paulo, para Celso Ramos, uma cidade próxima a Lages. Ao chegarem, moraram num lugar ermo, no meio do mato. Suas hostilidades não paravam; ele insistia em mandar minha mãe embora de casa. E ela, grávida do primeiro filho, não sabia o que fazer ou para onde ir.

Uma vizinha logo percebeu o clima tenso que havia na casa dos recém-chegados e comentou:

— Olha, Edite, com um homem desse, não sei o que é que tu *faz*. Eu, se fosse você, diria para ele te levar de volta pra casa do teu pai. Se foi de lá que ele te tirou, que te leve de volta se ele não te quer mais.

Ela caiu na bobagem de lhe dizer isso, pedindo que a levasse para a casa de seus pais. Foi assim que se desencadeou a primeira grande surra — a primeira de centenas.

— Já que tu *qué*, vou te levar já pra casa do teu pai. — disse ele. Porém, jamais cumpriu a promessa, seguiu apenas a tratando como bem entendia, espancando-a quando falava algo que não lhe agradava.

Muito ingênua, ela sempre acreditava que seu esposo poderia mudar, porque nutria essa esperança no coração. Às vezes, encontrava alguma sombra de esperança de que uma transformação pudesse de fato acontecer, como quando residiram em um sítio, longe da cidade, no qual o acesso à bebida alcoólica não era muito fácil. Todavia, mesmo ali, achou uma maneira de alimentar seu vício: ia para a casa de vizinhos e lá jogava e bebia até não poder mais. Costumava passar dias longe de seu lar.

TALVEZ, DE TUDO, OUVIR ESSAS PALAVRAS TENHA SIDO SUA PIOR DECEPÇÃO EM RELAÇÃO AO MARIDO. ELA SABIA QUE NÃO ERA AMADA,

MESMO QUE ELE SEMPRE
LHE PEDISSE DESCULPAS
E DISSESSE QUE SEUS
COMENTÁRIOS MALDOSOS
NÃO PASSAVAM DE
BRINCADEIRAS.

Foi nessa atmosfera que minha mãe chegou ao oitavo mês de gestação de seu primogênito, quando ocorreu a primeira perda na família. Ela estava capinando na roça enquanto o meu pai jogava e bebia com um rapaz; de repente, ele disse para o moço que, se quisesse, podia passar a viver ali a partir do dia seguinte, já que havia uma casinha de madeira desocupada no quintal. Minha mãe, imediatamente, lembrou-se do aviso deixado pelo tio de seu esposo, de que não deveriam deixar mais ninguém morar naquelas terras sem a sua autorização. Isso, porque, além de ser sua propriedade, era ele quem generosamente os sustentava.

Ao se recordar disso, falou:

— Domingos, o seu tio disse que, antes de colocar alguém aqui, é para tu *falar* com ele.

Nesse momento, ele avançou sobre ela, na frente do rapaz, e arrastando-a para o quarto, jogou-a em cima da cama, mesmo sabendo que ela carregava um bebê de oito meses na barriga. Depois, lançou dois baldes de água fria sobre ela e a obrigou a dormir encharcada.

Não demorou para que ela tivesse de ser levada ao hospital de Lages, onde permaneceu em trabalho de parto monitorado por oito dias. Durante esse período, hospedava-se ora na casa de alguns parentes, ora no hospital, aguardando o nascimento do bebê. A criança nasceu viva, mas morreu após quatro meses. Nos vinte e um primeiros dias, ela teve de permanecer com o recém-nascido em Lages, e o pai sequer apareceu por lá para ver o menino.

A vida seguia entre tapas, empurrões, desprezo, muitas promessas de abandonar os vícios e pedidos de perdão vindos de meu pai. Quando estava sóbrio, parecia ser outra pessoa, e minha mãe, mais uma vez, voltava a acreditar piamente que ele mudaria. Contudo, sua esperança não lhe trazia grande consolo. Depois da morte do primogênito, ela ficou arrasada e chorava o tempo todo. Tamanha foi a crise, que o meu avô decidiu buscar o casal e levá-los de volta para Itajaí. Por mais contrariado que estivesse, meu pai aceitou a mudança de município. Devolveram as terras para o tio dele e voltaram somente com as roupas que possuíam e uma caminhonete.

No início, moraram com os meus avós e depois conseguiram alugar uma casa nas redondezas. Entretanto, mesmo dividindo a moradia com eles, meus pais brigavam muito. Por vezes, ele batia em minha mãe na frente da própria sogra, que explodia dizendo:

— Tu não *vai* mais bater nela!

Mas ele respondia:

— Eu bato! Ela é minha mulher!

De tanto apanhar, minha mãe também perdeu o segundo bebê, que fora concebido pouco depois da mudança. Ela chegou ao sétimo mês de gestação, quando deu à luz um menino que nasceu vivo. A criança, porém, morreu vinte e quatro horas após o parto. Passados alguns meses, ela engravidou outra vez; teria então uma menina e escolheu chamá-la de Rosane. Infelizmente, logo se detectou um quadro de hidrocefalia na pequenina e ela faleceu depois de nove meses e vinte dias internada no hospital. O primeiro filho nasceu no dia 16 de janeiro de 1967; o segundo, no dia 26 de janeiro de 1968 e o terceiro bebê, em 2 de maio de 1969.

Não é difícil concluir que a maioria de suas gravidezes, se não todas, foi fruto de abuso. Meu pai a violava física e emocionalmente. Ela, por sua vez, nunca dizia nada, aguentava calada. Por mais que houvesse breves momentos de calmaria, bastava ele chegar bêbado à nossa casa para que voltássemos a viver em um ambiente infernal. Às vezes, ia direto ao sofá para se deitar, e minha mãe ficava quietinha na expectativa de que ele dormisse ali mesmo. Isso, porque se a visse ir para a cama, iria atrás e acabaria com seu sossego. Ela teria de fazer o que ele quisesse, ou sofreria as consequências.

Ela pedia:

— Pode me matar de uma vez, pelo amor de Deus! Não me maltrate mais! — Mas ele nunca parava, pelo contrário, continuava abusando dela.

A violação sexual era só um entre os inúmeros sofrimentos que ela tinha de suportar. O pior é que, considerando o contexto em que vivia, seria atípico se isso não acontecesse.

Muito ingênua, ela sempre acreditava que seu esposo poderia mudar, porque nutria essa esperança no coração.

Meu pai era um homem enorme, com uma força de leão, que facilmente poderia derrubar uma mulher; ainda mais alguém que o amava e se encontrava indefesa diante dele. Recentemente, ela nos contou acerca das noites em que ele literalmente não aceitava "não" como resposta e, diante de qualquer recusa da minha mãe para o sexo, ele lhe dava socos, pernadas e empurrões, além de ameaçá-la com uma faca, que sempre mantinha na cintura.

Além das relações sexuais com a esposa serem extremamente violentas, havia o fato, como mencionei antes, de que ele, muitas vezes, saía pela cidade para ter relações sexuais com garotas de programa. É por isso que todos diziam:

— Edite, você não pode ficar com esse homem! Qualquer hora ele vai te passar alguma doença!

A violação sexual era só um entre os inúmeros sofrimentos que ela tinha de suportar.

Minha mãe, porém, não desistia de viver seu sonho ao lado do esposo, crendo sempre na transformação dele. Permanecia, assim, dividindo a casa com seu agressor, sem ousar denunciá-lo. Bem como muitas mulheres que passam por situações semelhantes, ela temia por sua vida. Na época, pouco se divulgava os altos índices de violência contra a mulher como se veicula hoje; além disso, apesar de existirem leis que protegessem a vida humana, nenhuma delas era tão rigorosa quanto as atuais[1]. Também havia diversas circunstâncias que desencorajavam minha mãe a tomar uma atitude a respeito da situação, como a falta de recursos para encontrar uma nova moradia, o medo de ser vingada pela denúncia, ou até o apego emocional.

Por isso, eu me sinto na obrigação de alertar e encorajar você que lê estas páginas. Em Jesus, sempre há esperança e saída. Se você estiver

[1] Ministério dos Direitos Humanos e da Cidadania. Brasil tem mais de 31 mil denúncias de violência doméstica ou familiar contra as mulheres até julho de 2022. v. 1. Disponível em: < https://www.gov.br/mdh/pt-br/assuntos/noticias/2022/eleicoes-2022-periodo-eleitoral/brasil-tem-mais-de-31-mil-denuncias-violencia-contra-as-mulheres-no-contexto-de-violencia-domestica-ou-familiar >. Publicado em: 8 ago. 2022. Acesso em: 2 mar. 2023.

passando por uma situação semelhante à de minha mãe, esteja em oração, não hesite em procurar ajuda — seja em instituições voltadas ao cuidado feminino, ou com pessoas de confiança —, e denunciar o agressor. Caso conheça alguma mulher que vivencia essa dor, ajude-a como puder, não deixando de interceder, acolher e, caso tenha condições, até mesmo auxiliá-la na denúncia.

CONVIVER – CENTRO DE RECUPERAÇÃO FEMININO

Durante uma boa parte da minha adolescência, nutri em meu coração o sonho de ajudar pessoas que sofreram situações parecidas com as que vivi junto à minha família. Passou-se o tempo, e, após meu encontro com o Senhor, dediquei-me à implantação de diversos projetos sociais, que discorrerei um pouco mais em alguns capítulos deste livro. Tenho, com isso, a intenção de demonstrar como a dor pode ser catalisada para algo bom e transformar muitas outras vidas. Foi isso o que aconteceu conosco por meio do Conviver, um centro de recuperação feminino criado para atender mulheres dependentes de substâncias psicoativas e portadoras da Síndrome da Imunodeficiência Adquirida – HIV.

Tudo começou quando decidi conhecer alguns centros de recuperação da minha cidade e região, e observei que não havia nenhum trabalho voltado especificamente às mulheres. A partir dali, fiz uma pesquisa, coletando dados para identificar o que as levava ao vício em substâncias psicoativas, e foi dessa forma que descobri como a grande maioria havia sido vítima de violência psicológica, física ou sexual em algum momento de suas vidas. Em grande parte das vezes, os abusadores eram parentes, próximos ou distantes, senão pessoas do convívio familiar.

Não é incomum o fato de muitas delas recorrerem aos vícios como uma válvula de escape para a dor e o trauma. Isso sem contar outros agravantes que surgem ao longo de suas trajetórias, formando uma bola de neve. Um exemplo disso é que uma parcela significativa dessas vítimas cede à prostituição para custear a compra de substâncias, e, com isso, algumas acabam contraindo o vírus HIV ou inúmeras outras doenças contagiosas.

De modo geral, dependentes químicos têm seu vínculo familiar afetado, afastam-se de boas amizades e de outros relacionamentos interpessoais importantes; lares acabam desestruturados, enquanto os bons costumes vão sendo abandonados. A soma desses fatores leva à exclusão social e ao envolvimento com práticas marginais, o que inclui a perversão e corrupção de princípios morais. Inicialmente, alguns passam a cometer pequenos delitos, mas podem chegar a praticar crimes hediondos, como assassinatos e, por vezes, até suicídios.

Considerando essa realidade, em 2012, nasceu o Conviver — Centro de Recuperação Feminino, no município de Itajaí. A finalidade é oferecer suporte a mulheres em situação de vulnerabilidade social, quer por uso, abuso ou dependência de substâncias psicoativas.

Atualmente, o Centro de Recuperação Conviver é uma das raras comunidades terapêuticas femininas do estado de Santa Catarina. O fato de estar localizado em uma cidade portuária é estratégico, pois, como ali se encontram muitos viajantes e cargas de entorpecentes que chegam, a população local costuma estar mais exposta à dependência química e à prática da prostituição. Por consequência, há uma alta taxa de contágio por doenças sexualmente transmissíveis e um grande número de gravidezes indesejadas, o que acarreta crianças crescendo em ambientes desestruturados e, portanto, suscetíveis a vulnerabilidade física, social e familiar.

O Conviver existe justamente para combater esse cenário. Trabalhamos em parceria com a prefeitura de nossa cidade, promovendo tratamento, acompanhamento médico e reinserção social de mulheres dependentes químicas. Cooperamos com o fortalecimento de seus vínculos familiares e demais relações afetivas. Com isso, elas se tornam aptas a abraçarem novas oportunidades, e então ocuparem um novo lugar na sociedade; oferecemos uma rede de apoio com a qual essas mulheres podem contar para evitar recaídas em vícios ou até no crime. Em âmbito nacional, o Conviver apresenta um dos maiores índices de recuperação entre o sexo feminino.

Para que isso seja possível, o Conviver opera a partir de um ambiente residencial protegido, com técnica e ética, possibilitando à mulher um novo estilo de vida, no qual sua identidade e autoestima são recuperadas por meio de oportunidades de aprendizado social e crescimento pessoal. Elas têm a cidadania restaurada à medida que aprendem a assumir diferentes papéis sociais, como ser mãe, esposa, filha, amiga, além de serem instruídas quanto ao posicionamento profissional, considerando os diferentes aspectos requeridos pelo mercado. O trabalho é desenvolvido por uma equipe multiprofissional, composta por líderes espirituais (entre eles pastores, por exemplo), psicólogas, assistentes sociais e monitores, em parceria com a Rede de Saúde e Educação.

Durante o período de acolhimento, também dispomos de suporte espiritual, ensino de princípios éticos e morais, bem como sessões psicoterapêuticas particulares e também em grupos. Elas são atendidas individualmente por uma assistente social, a qual oferece o auxílio para garantir direitos de saúde e educação a cada mulher, mediante assessoria para aquisição de documentos de identificação. Acompanhamentos médicos e odontológicos são oferecidos, além de preparo e orientação para que retornem ao mercado de trabalho.

O Conviver opera a partir de um ambiente residencial protegido, com técnica e ética, possibilitando à mulher um novo estilo de vida [...].

Nosso trabalho no Conviver não se encerra no atendimento direto às mulheres, uma vez que proporcionamos suporte às famílias, que inclui visitas domiciliares, com o propósito de promover o resgate ou o fortalecimento do vínculo familiar. Toda a ajuda é feita de acordo com a singularidade de cada caso, o que resulta em mudanças construtivas de comportamento e, por fim, com a graça e poder do Senhor, em uma transformação completa de vida.

ATENDIMENTO A MULHERES VÍTIMAS DE VIOLÊNCIA

Como relatei, minha mãe foi vítima da violência doméstica. Ela sofreu agressões físicas, psicológicas e sexuais ao longo de vinte e oito anos, sendo que tudo teve início logo após o primeiro mês de seu casamento. Conversando com ela sobre o motivo de ter insistido em continuar com o meu pai, ainda que em meio a tanta crueldade, pude compreender que o medo era o seu fator de estagnação, uma vez que ela recebia ameaças de morte e violência contra si e os filhos.

Além do mais, ela sofria de dependência, não do álcool, mas do marido alcoólatra. Geralmente, quem se casa com alguém que apresenta esse tipo de vício mantém-se preso à obrigação de fazer o cônjuge parar de beber ou, pelo menos, de lidar com seu comportamento imprevisível.

Outro motivo pelo qual minha mãe não se separou do meu pai é o que acontece com muitas outras vítimas: não ter para onde ir. As mulheres em situação de risco decorrente da violência doméstica, muitas vezes, submetem-se a situações como essa; obviamente não por desejarem isso, mas por não terem ideia de como recomeçar a vida sem seu marido, ou procurar e custear um novo lar.

Pelo fato de eu ter vivenciado extrema violência dentro da minha casa, ansiei combater essa realidade que atinge tantas famílias. Por isso, desenvolvi também um projeto voltado a mulheres vítimas de violência doméstica, o qual tem a finalidade de garantir a integridade física e psicológica de quem corre o risco de perder a vida por conta das agressividades. Proporcionando um acolhimento seguro, nossa instituição favorece às abrigadas o exercício da cidadania e o reconhecimento de seu valor como pessoa, ou melhor, como uma filha amada de Deus. Também trabalhamos para que seus vínculos afetivos sejam fortificados e sua autoestima restaurada.

Cada mulher acolhida passa por um processo de reconstrução do bem-estar, descoberta de seu propósito de vida e, por fim, reintegração à sociedade. Graças a Deus, e para a sua glória, temos sido bem-sucedidos, abençoando centenas de vidas a cada ano.

Testemunho de Maria, ex-acolhida

Comecei a usar drogas depois de conseguir um emprego para faxinar a casa de narcotraficantes. Eu era viúva e trabalhei por um bom tempo limpando o local, até que me convidaram para ajudar na produção de cocaína e crack. Sem saber muito bem no que estava me envolvendo, aceitei a proposta. Como o crack é uma mistura de várias substâncias, eles faziam testes para ver a reação e a aceitação no corpo humano, e me forçavam a experimentar a droga. Foi assim que me tornei dependente.

Certo dia, uma vizinha me convidou para ir à igreja com ela. Sua ajuda foi fundamental para que eu saísse daquele lugar. Foi na Igreja Reviver que conheci o Conviver, mas, mesmo precisando de ajuda, no começo eu relutei para aceitar o tratamento. Depois, sofri um acidente e tive de ficar um tempo usando cadeira de rodas; foi nesse período que todos aqueles que se diziam amigos sumiram. Lembrei então do centro de recuperação e pedi para ser internada.

O processo de recuperação no Conviver foi muito bom e proveitoso. Ali, eu encontrei uma família de verdade, na qual fui acolhida, aprendi o que é amor, tive minha identidade restaurada, e hoje eu sei quem eu sou: uma filha amada de Deus, uma mulher de verdade. De fato, a minha vida mudou.

A CHEGADA DAS MINHAS IRMÃS

CAPÍTULO 2

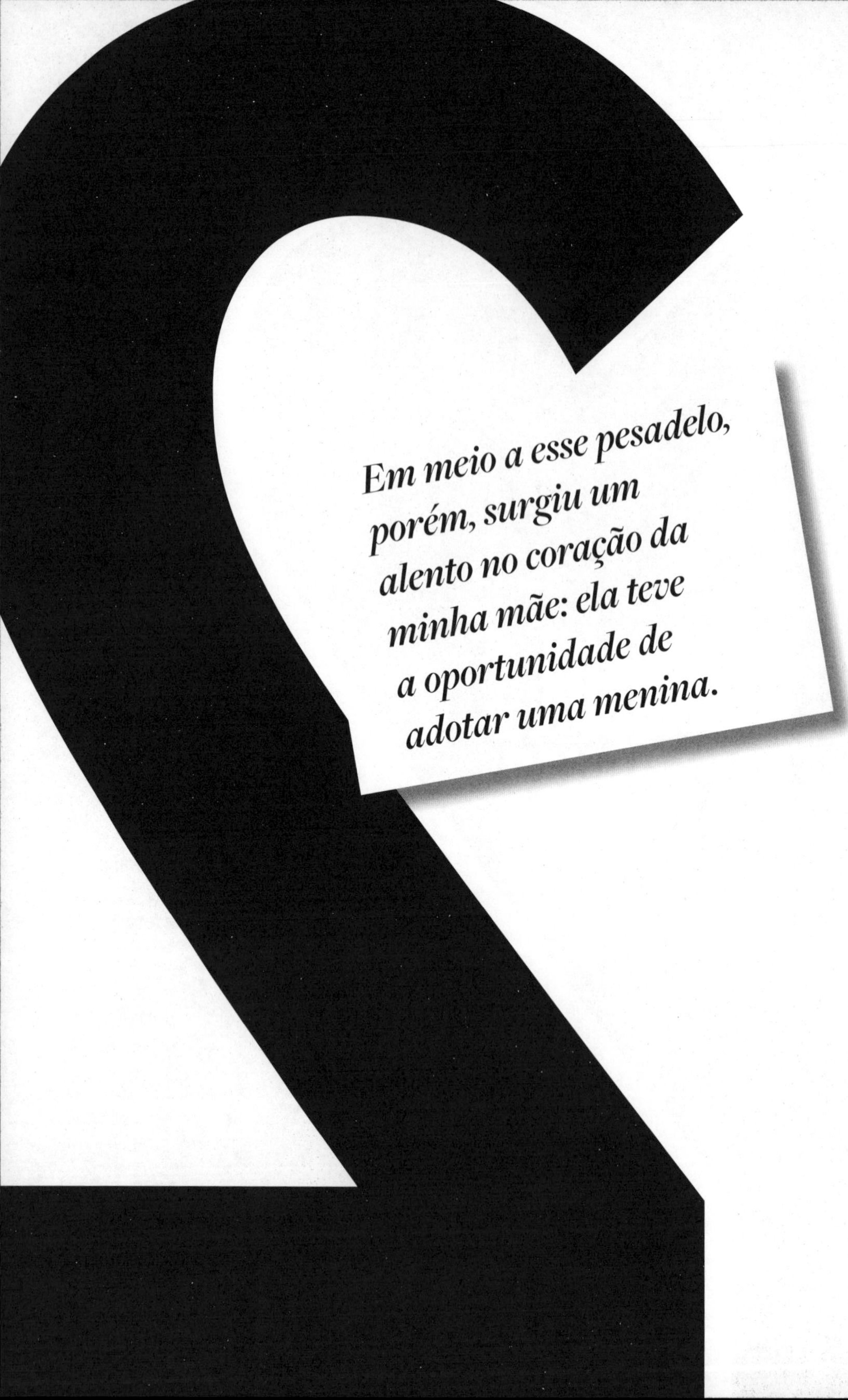
2
Em meio a esse pesadelo,
porém, surgiu um
alento no coração da
minha mãe: ela teve
a oportunidade de
adotar uma menina.

DEPOIS DE PERDER TRÊS bebês, vivendo um relacionamento extremamente violento, minha mãe começou a perder as esperanças na transformação do meu pai. Passavam-se os anos e ele continuava prometendo que pararia de beber, mas isso nunca acontecia; muito pelo contrário, seu vício tornava-se cada vez mais intenso assim como seus ataques contra a esposa.

Em meio a esse pesadelo, porém, surgiu um alento no coração da minha mãe: ela teve a oportunidade de adotar uma menina. Naquela época, as adoções nem sempre seguiam um procedimento adequado — como costuma ocorrer hoje em dia, com as análises minuciosas dos lares e outros fatores que garantem a saúde e segurança do menor a ser acolhido. A mãe da pequenina simplesmente recorreu à minha mãe e ofereceu a nenê; logo elas iniciaram o processo de registro com o nome da nova família. Como já havia sido batizada na Igreja católica, foram à paróquia a fim de obter o certificado de batismo; em seguida, dirigiram-se ao cartório e oficializaram a adoção. Foi assim que a Kátia, minha querida irmã mais velha, integrou a nossa família, com um ano e meio de idade.

Embora meu pai nunca tenha desejado adotar, ele acabou permitindo que isso acontecesse, cedendo à vontade de minha mãe. Contudo, bastou embriagar-se para que começasse a implicar com a Kátia, o que, obviamente, ocasionou um imenso sofrimento em ambas.

Certa vez, ao voltar com a bebê da missa em um domingo, acompanhada de uma vizinha, minha mãe pôs-se a fazer o almoço. Porém, a pequena chorava muito, pois estava com fome e com a fralda suja. A mãe então teve de pausar o preparo da refeição da família para oferecer-lhe leite e trocá-la. Desejava apenas acalmar a menina, a fim de que pudesse cozinhar mais tranquilamente, mas o pai não aceitou sua atitude. Quando passou por ele, com a minha irmã no colo, perto do sofá onde estava deitado, foi surpreendida por uma aproximação abrupta e um questionamento acerca da demora do almoço. Ela explicou a situação e lhe pediu que esperasse. Foi o suficiente para ele avançar violentamente por trás dela.

De maneira imprevisível, minha mãe conseguiu fugir pela janela com a bebê e correu em direção à casa de um vizinho. Como a porta estava trancada, ela deu a volta por trás da casa e acabou tropeçando em um tambor. A Katia, que estava no colo dela, começou a chorar, de modo que o pai pôde encontrá-las. Ele pegou a mãe pelos cabelos e bateu tanto, a ponto de ela desmaiar. Então a arrastou ainda pelos cabelos estrada afora até chegar a casa. Foi acordar horas depois, com os vizinhos tentando impedir o pai de continuar a agressão. Minha mãe não se lembrava de nada do que sucedera depois do primeiro soco.

— O que aconteceu? — ela perguntou.

Pronunciou essas palavras com bastante dificuldade, uma vez que mal conseguia abrir a boca. Alguém, então, falou-lhe:

— Foi ele que te bateu — referindo-se ao meu pai.

Ao escutar tal resposta, ele contradisse o ocorrido, afirmando que ela tinha caído de uma escada, e essa fora a causa de suas feridas.

Contudo, era impossível esconder a verdade; após a surra, minha mãe ficou totalmente desfigurada, irreconhecível. Suas marcas não eram de uma simples queda ou tropeço, elas evidenciavam agressões gravíssimas. Não à toa, meu pai ficou com medo de levá-la ao médico, que poderia desmascará-lo ao realizar exames. Então chamou um farmacêutico para tratá-la em casa. Durante dias, ele a visitou para medicá-la e cuidar de seus ferimentos. Havia hematomas em todo o seu corpo, e ela só podia se alimentar de líquidos, com ajuda de um canudo; não conseguia mastigar ou enxergar nada. Sabendo disso, toda a vizinhança ficou horrorizada.

Contudo, era impossível esconder a verdade; após a surra, minha mãe ficou totalmente desfigurada, irreconhecível.

Naquela época, ainda não existia a Lei Maria da Penha, nem recursos suficientes para defender vítimas de violência doméstica; elas acabavam convivendo com isso até a própria morte ou a do cônjuge. Como geralmente eram ameaçadas por seus agressores, temiam por suas vidas e a de seus filhos. Não somente a minha mãe, como também muitas outras mulheres raramente obtinham ajuda efetiva, sendo comum minimizarem a gravidade da situação em que viviam. Afinal, não desejavam criar os filhos sozinhas, tendo de recomeçar a vida do zero, ou até serem auxiliadas por suas famílias de origem; até porque incluiria lidar com a vergonha de admitir que fizeram uma má escolha em relação ao casamento.

Assim foi com a minha mãe. Depois dessa surra, que ocorreu quando ela tinha apenas vinte e um anos de idade, não voltou a buscar ajuda de seus pais nem teve coragem de falar com eles novamente. Sabia que os havia contrariado, deixando de se casar com o moço decente que eles tinham sugerido, para unir-se a quem a maltratava incessantemente.

Entretanto, houve um momento em que alguém contou a real situação de nossa família para a minha avó materna. Ao saber da situação, ela apareceu na casa de meus pais no dia seguinte e disse ao genro:

— Tu não sabes quanto é triste criar uma filha com tanto carinho... Nunca dei um tapa nela... e ter que entregar a um estranho para maltratar!

Minha mãe, contudo, não quis retornar para a casa de seus pais, continuaria correndo e fugindo para os vizinhos todas as vezes que o meu pai tentasse agredi-la. Ela permanecia esperando que as coisas se tornassem diferentes um dia, pois cria que, bem lá no fundo de sua alma, seu esposo era um bom homem.

Sendo ainda muito pequenininha, depois daquela agressão tão terrível, Kátia começou a carregar um lencinho para enxugar as lágrimas de nossa mãe o tempo todo. Ao crescer um pouco, ela também passou a ter de fugir das pancadas do pai; seu desespero era tão grande, que urinava na própria roupa. Infelizmente, temo que ser adotada por nossa família tenha apenas agravado os traumas que ela já carregava; porém, mesmo em meio a tamanho caos, pela graça divina, ela foi encontrada e restaurada pelo Senhor anos mais tarde.

Quando a Kátia tinha em torno de cinco anos, veio a Cristiane. A verdade é que minha mãe não pensava em ter mais filhos. Ela dizia: “Meu Deus, vou colocar filho no mundo para ter dificuldades?! Porque o primeiro morre de repente, o segundo tem problemas no coração e a terceira com aquela doença...”.

Entretanto, naquele período, os anticoncepcionais não eram de fácil acesso, e o meu pai ainda queria realizar seu sonho de ter um menino. Por isso, insistia violentamente em ter relações com sua esposa; assim, ela veio a engravidar outra vez.

No momento em que algumas pessoas próximas souberam, disseram a ela:

— Se fosse tu, eu tirava. Por que tu *vai* ter? A gente não sabe se vai nascer com problemas!

Graças aos Céus, ela tinha uma vizinha evangélica, que sempre lhe dizia para acreditar somente no Senhor e pôr tudo em suas mãos: "Há um Deus que a criou por uma razão, Edite. Sua vida tem um profundo significado, assim como a vida deste pequeno bebê!". Para a glória do Senhor, a Cris nasceu com 4,150 quilogramas, e era uma linda menina!

Depois do nascimento, meu pai foi buscá-las no hospital, só que, quando chegaram a casa, não tinha gás para esquentar a água e preparar a mamadeira para a recém-nascida. Também não havia leite materno. Segundo a minha mãe, sua tristeza o secara. Então meu pai se ofereceu para comprar o que faltava, mas só chegou após três dias, e sem o gás. O compadre Ramiro, nosso vizinho e padrinho da Cris, foi quem socorreu a família.

Passou-se um tempo, e minha mãe engravidou pela quinta vez, gerando a Michele — mais uma vez não era um menino, o que desagradava bastante meu pai. Todos sofriam as consequências de suas frustrações, e, em certo ponto, a vida de sua esposa já estava totalmente despedaçada; ela apanhava muito, bem como todas as suas filhas.

Foi nesse ambiente que minha mãe chegou à sexta gestação, da qual eu nasci. A Kátia tinha doze anos; a Cristiane, sete e a Michele, dois anos e meio. Isso foi em 1979.

EU E MEU IRMÃO

Michele Lima, irmã de Junior Rostirola

"Quando minha mãe, Edite, tinha dezoito anos, estava noiva de um rapaz de boa família que vivia em Laurentino, Santa Catarina. Eles se conheceram em Lages, e ele a visitava todo mês.

Certo dia, Domingos, meu pai, que tinha recém-chegado do Paraná, montou uma oficina mecânica ao lado de uma pequena mercearia, que era do meu avô materno. A minha mãe ajudava a cuidar do comércio, trabalhando com seu pai. Acontece que o novo rapaz da cidade sempre aparecia por lá para comprar comida e tomar umas pinguinhas, algo que não era muito diferente do que muitos homens da cidade faziam.

O meu pai não bebia até cair no chão, mas gostava dos *pilequinhos*[1]. Todas as vezes que aparecia na mercearia do José, o meu avô, ele sempre puxava conversa com a minha mãe, e seu papo era bom e agradável. Certo dia, ele a convidou para ir a um baile e, tentando evitar o constrangimento, pediu para que ela chamasse seu noivo também, mas com a condição de dançar pelo menos uma música com ele. Foi então que o desastre começou.

Todos foram ao baile, inclusive a minha avó, porque obviamente a minha mãe não saía sozinha de casa. Depois de dançar a primeira música com o noivo, chegou a hora de acompanhar meu pai em uma canção. Por debaixo da mesa, ele deu um ligeiro toque nela e pediu ao noivo permissão para dançar com a moça. Acabada a música, os dois continuaram de pé conversando, até meu pai confessar que gostava dela e pedir sua mão em casamento. O ano era 1965.

> *Minha mãe engravidou pela quinta vez, gerando a Michele — mais uma vez não era um menino, o que desagradava bastante meu pai.*

No dia seguinte, o jovem Laurentino, seu noivo, apareceu para tirar satisfação:

— Você está namorando o Domingos?

A minha mãe, uma mulher de família e recatada, confessou seus sentimentos pelo outro rapaz, mas lhe disse que nunca havia acontecido nada demais antes do baile; e o noivo, depois de oito meses com ela, tomou a iniciativa de terminar o relacionamento.

— Você vai se arrepender! — arrematou o moço frustrado.

[1] Segundo o site Oxford Languages, pilequinhos seria uma bebedeira não muito forte, que deixa o bebedor alegre, comunicativo, mas não embriagado. Disponível em: <https://languages.oup.com/>. Acesso em: 3 de fevereiro de 2023.

“HÁ UM DEUS QUE A CRIOU POR UMA RAZÃO, EDITE. SUA VIDA TEM

UM PROFUNDO
SIGNIFICADO,
ASSIM COMO A VIDA
DESTE PEQUENO BEBÊ!”

Ao saber dessa história maluca, meu avô ficou muito bravo; minha mãe, porém, decidida a ficar com o meu pai, ameaçou tirar a própria vida caso a obrigassem a se casar com o ex-noivo. Oito dias depois, meu pai apareceu na mercearia da família para pedir a mão da filha de José em matrimônio; dessa vez, oficialmente.

— Eu não faço gosto nesse casamento — ele respondeu —, e ninguém aqui vai ficar "alisando o banco". Dou três meses para os dois se casarem. Eu sei que ela vai sofrer com você, mas se é isso o que ela quer...

Meu avô foi categórico. Três meses foi o prazo que lhes deu. E eles se casaram em dois. A minha avó não dizia nada, a não ser que ela estava deixando um ótimo rapaz sem conhecer nada do outro.

> *A minha avó não dizia nada, a não ser que ela estava deixando um ótimo rapaz sem conhecer nada do outro.*

A conversa entre os dois aconteceu em 8 de novembro. No dia 8 de janeiro, do ano seguinte, ele e minha mãe se casaram. Ah, se arrependimento matasse...

Quanta dor! Quanto medo! Quantos traumas a minha mãe e toda a nossa família sofreu por conta dessa escolha! E a história continua.

Com o tempo, vieram os filhos, sendo eu e o Junior os mais novos. Eu era dois anos mais velha que ele, e nós éramos muito próximos. Durante toda a infância e pré-adolescência, eu o carreguei comigo. Como estava constantemente ao seu lado, eu percebia que havia algo peculiar nele. Seu coração sempre foi bom, ele tinha uma atitude diferente de qualquer outra criança. De todo modo, passou por muitos traumas quando ainda pequeno. O meu irmão era aquele que permanecia mudo o tempo todo e jamais expunha suas vontades.

Todas as vezes que o "mundo caía" em casa, ele se agarrava a uma fralda e paralisava. Era como se aquele pedaço de pano fosse seu porto seguro, seu companheiro. Lembro-me de que, antes de ir para a escola, ele chupava o dedo e cheirava a fralda; logo depois, saía correndo. Quando voltava da escola, fazia a mesma coisa. Era seu ritual.

Como não conseguia olhar ninguém nos olhos, nem mesmo pessoas próximas, ele estava sempre de cabeça baixa. Eu me recordo de tê-lo visto poucas vezes com a cabeça erguida. Por ser muito introspectivo e ter medo de rejeição, quando saíamos para brincar, ele permanecia sentado no muro de casa com o pano nas mãos. Brincava conosco só de vez em quando. Na maioria das vezes, ele ficava longe, apenas observando. Com o passar do tempo, entendemos que a fralda somada ao fato de ficar parado no portão sem brincar com os amigos eram indicativos do medo e da insegurança que o estagnavam.

Quantas vezes em nossa vida somos paralisados por causa dos nossos medos e inseguranças! Quantas vezes esses fatores nos bloqueiam e nos impedem de conhecer e experimentar o futuro e aquilo que Deus disponibiliza para nós!

Recordo-me ainda de que a dor gerada por seus bloqueios também era sentida por ele na escola. Eu ficava aterrorizada quando a professora me informava que ele se encontrava na secretaria novamente. Junior sempre estava lá por causa de uma dor recorrente na barriga, da qual não se sabia o motivo. Quando eu ia vê-lo, era comum encontrá-lo chorando de desespero e agonia. Eu pensava que talvez a professora fosse muito exigente e brava, mas depois entendemos que essa situação na escola era reflexo de todo o caos estrutural e emocional da nossa família.

Enquanto a situação de brigas e violência gerava uma dor estomacal em meu irmão, causava um outro tipo de sofrimento na Cris. Ela se fechava em si mesma e vivia dentro do quarto. Muitas vezes, ela tentou se sentar com o nosso pai e aconselhá-lo a parar de beber, mas ele não lhe dava ouvidos. Você sabe como é, poucas pessoas assumem que têm um problema de alcoolismo antes de terem feito um estrago grande demais. E ele, nem mesmo após a imensa balbúrdia que causara na família, decidiu se tratar do vício.

Na escola, ninguém sabia coisa alguma sobre o nosso pai. Nunca falei nada a seu respeito. Tanto que, certa vez, alguém chegou a perguntar se eu não tinha pai, porque só mencionava a minha mãe nas conversas. Eu sequer soube como responder. Quando mencionavam sobre ele, eu simplesmente desconversava e saía, porque esse era um tema proibido para mim. Se alguém sugerisse fazer trabalhos em grupo na minha casa, eu inventava alguma desculpa. Às vezes, dizia que não era possível, porque a minha mãe não gostava. Sempre tentava fugir de situações embaraçosas. Deus me livre se descobrissem o que acontecia em casa! Eu morria de medo de que soubessem a verdade e, por causa disso, eles me desprezassem.

Nós já tínhamos visto algo parecido perto de casa com uma vizinha. O marido dela também era alcoólatra, e a família sofria horrores; era raro alguém que gostasse dos filhos deles.

Sabendo disso, eu escondia certas coisas de meus amigos do colégio, esforçando-me para ser aceita. Além do mais, eu me impunha e me fazia inclusa, especialmente nos esportes, fosse no vôlei, no handebol ou no pingue-pongue. Eu sempre tomava a iniciativa do que quer que fosse; se era para escolher um time, por exemplo, eu pulava na frente para fazer a seleção, afinal tinha medo de não ser eleita. O Junior, por sua vez, fazia o completo oposto.

Como ele estava sempre comigo, eu o ajudava a manter-se cercado de pessoas, geralmente dos meus amigos. Ele não chegava a desenvolver amizades por conta própria, apenas me acompanhava. Nunca tomava decisões ou partido. Alguém sempre tinha de estar ao lado dele. Até seus treze anos de idade, não me lembro de ter observado algo diferente. Junior apenas ficava de cabeça baixa, sentado no muro na frente de casa, observando o movimento da rua por horas, enquanto eu brincava com várias crianças.

Mesmo diante de tanta rejeição e de ser deixado de lado pelas pessoas, era perceptível que havia algo especial nele, pois sempre agia bondosamente com os demais. Quando brigávamos, ou ele fazia algo que me desagradava, bastava eu dizer que o coração dele ficaria sujo ou que ele não iria para o Céu, que na mesma hora ele fazia o que eu queria. Ou, então, eu afirmava que estava passando mal, com algum tipo de dor. Na hora, o pobrezinho se apavorava e pedia para eu parar, dispondo-se a cumprir o que eu pedisse. Ele sempre se preocupava com as pessoas.

Eu tinha as minhas maneiras de manipulá-lo... e ele, de ser manipulado e guardar segredo. Era um menino ingênuo e, de certa forma, como filho mais novo, o mais indefeso. Também é verdade que era o "protegidinho da mamãe". Não realizava nenhuma tarefa em casa. Por isso, eu fazia de tudo para que ele me ajudasse a lavar a louça ou o banheiro.

— Oh, Junior, limpa lá o banheiro para mim, que eu tenho que limpar a cozinha! — ao que ele, logo de cara, respondia "não".

— Ah, é? O seu coração vai ficar sujo. Aliás, já está sujo até a metade... — eu dizia.

Ele ficava apavorado e me ajudava.

Houve uma vez, quando tínhamos dez e doze anos, que quebramos um pé de limão do qual a minha mãe gostava muito. Tudo aconteceu porque o Junior foi podá-lo, mas acabou cortando o galho errado e o limoeiro caiu. O medo de ela chegar e bater nele ou repreendê-lo foi enorme a ponto de lhe causar desespero.

A fim de não a aborrecer, nós amarramos o galho a um pedaço de sarrafo para calçá-lo. E lá ficou a pequena árvore parada, com os limões e tudo. O problema é que eles foram amarelando com o passar dos dias, e a nossa mãe notou que havia algo errado. Como eu sabia que o Junior não queria decepcioná-la de jeito nenhum, fiz chantagem com ele, dizendo que contaria tudo se ele não me obedecesse. Assim que ela se deu conta, porém, não brigou conosco; achou até engraçado.

É verdade que a ruinzinha era eu. Também, se eu não me "virasse", quem é que me protegeria? Não havia ninguém para me defender dentro ou fora de casa. Eu tinha de encontrar a minha forma de sobreviver. Junior, em contrapartida, sempre foi um menino obediente. Nunca reclamava. Em geral, as pessoas o elogiavam, porque não era uma criança de incomodar ninguém. Nunca foi rebelde, e o que a mãe lhe dizia se tornava lei para ele.

Crescemos em meio a muitas dores e traumas, mesmo após a morte de nosso pai, quando o Junior tinha quatorze anos e eu, dezesseis. Confesso que, por um lado, o luto veio com um certo alívio; ao mesmo tempo, o falecimento dele gerou uma profunda tristeza em cada um de nós, pois acreditávamos que, dali em diante, havia acabado qualquer chance de termos um pai de verdade. Essa era a contradição que percorria a nossa alma.

Na escola, ninguém sabia coisa alguma sobre o nosso pai. Nunca falei nada a seu respeito.

Mesmo assim, posso dizer que foi a partir de então que, finalmente, começamos a viver. Eu já havia perdoado o meu pai. E isso se deveu também ao fato de a minha mãe sempre ter dito que ele era um homem bom e que seu problema era a bebida. Ela nos blindava de criar uma imagem ruim e cruel dele. Pelo contrário, o tempo inteiro tentava mostrar que havia algo bom nele. No fundo, pode até ter sido verdade, ao menos em partes, pois há coisas ainda piores que as suas agressões que ele nunca chegou a fazer conosco. Ele nunca abusou sexualmente de nós, seus filhos, por exemplo. Quando estava são, não nos agredia e buscava nos respeitar.

Infelizmente, o meu pai não recebeu amor paterno, porque meu avô também agia de forma muito semelhante a ele. Ninguém dá o que não tem. É verdade também que ele tratava a todos nós por igual, ainda que fosse da pior maneira. Não havia diferença entre uns e outros. No geral, esse era um problema a menos para a nossa família.

Enquanto ainda lidávamos com a mistura de sentimentos ocasionada pelo falecimento de nosso pai, cinco meses após a sua morte, minha mãe conheceu o João e eles começaram a namorar. Ela tinha apenas quarenta e sete anos. Cristiane e eu estávamos na adolescência, por isso foi difícil aceitarmos o fato de ela ter arrumado outro homem e que a história poderia se repetir; já para o Junior, aquela era a sua esperança de ter um pai. No início, eles se deram bem. Mas bastou que se casassem para que o nosso padrasto começasse a sentir ciúmes do menino.

O pequeno acabou sofrendo e se decepcionando mais uma vez, especialmente por ter sido ele o primeiro a incentivar nossa mãe a se casar. Nosso padrasto tinha um comportamento muito possessivo; logo no começo do matrimônio, ele deixou claro que a nossa mãe pertencia a ele, e isso contribuiu para que os laços entre nós e nossa mãe se rompessem, sobretudo com o Junior, que era o mais apegado a ela. João não largava do pé do menino. Fingia situações e punha toda a culpa nele.

Quando o João namorava a nossa mãe, ele era superamoroso com o Junior, cuidava dele, levava-o para passear e fazia de tudo para agradá-lo. Entretanto, após se casar com ela, começou a demonstrar um imenso ciúme em relação ao menino. Como ele passou a nos tratar com falta de respeito e a

INFELIZMENTE,
O MEU PAI NÃO
RECEBEU AMOR
PATERNO, PORQUE
MEU AVÔ TAMBÉM
AGIA DE FORMA
MUITO SEMELHANTE
A ELE. NINGUÉM DÁ
O QUE NÃO TEM.

encrencar com meu irmão, eu ficava muito brava e várias vezes comprei a briga pelo Junior, uma vez que ele simplesmente não se defendia.

Os dois trabalharam juntos na área de construção durante três anos. O João sempre dava um jeito de maltratar o menino, que, na época, tinha cerca de dezesseis anos. O Junior, por outro lado, não contava nada para a minha mãe, porque sabia que ela estava feliz em seu casamento.

Contudo, por se tratar de uma questão recorrente, em certo momento ela acabou percebendo o conflito. Foi por essa razão que, depois de casada, passou a ter medo de deixar o Junior sozinho com o marido, pensando que a qualquer momento poderia presenciar uma briga dos dois.

Assim, chegou o dia em que meu irmão decidiu sair de casa, dizendo que iria morar comigo. Nessa época, eu já estava casada. A minha mãe finalmente exigiu que o João pedisse perdão ao seu filho, caso contrário não ficariam juntos. Junior sempre perdoava, mas não víamos da outra parte nenhum arrependimento ou mudança, por isso demorei muito para perdoar o meu padrasto pelo que ele havia feito.

Depois de tudo que vivi em casa com o meu pai, era difícil aguentar certas coisas do João e fingir que nada estava acontecendo. Ele errava outra vez, voltava a pedir perdão, e todos perdoavam. Comigo já era diferente. Para dizer a verdade, cheguei a desejar a sua morte. Eu não queria passar de novo por uma situação-limite. Foram dezenove anos de casados. O João nunca agrediu minha mãe ou a maltratou; seu problema era a possessão e o ciúme que ele tinha dela.

Todavia, quando começou a ir para a igreja e se converteu a Cristo, ele mudou. Foi transformado pelo Senhor. O Junior, depois de casado e já curado da rejeição, passou a vê-lo como um parceiro. Enquanto isso, apesar de eu notar como o nosso padrasto tinha mudado de verdade, meu ódio só passou quando pedi a Deus que me ajudasse. Orei clamando para que ele transformasse o meu coração, ajudando-me a aceitar as pessoas, mesmo que elas falhassem comigo. Junior e eu conversamos muito a respeito disso e sobre como liberar perdão me faria bem e me transformaria em uma nova pessoa, leve e redimida. Jesus me ajudou a ter um coração mais acessível, e toda aquela revolta da infância e da adolescência, aos poucos, desapareceu.

Só Deus poderia mudar a vida do Junior, a minha e a de cada membro de nossa família. Apenas Ele pode transformar nosso coração e história. Hoje, sou capaz de enxergar como o Senhor cuidou do meu irmão em meio a todo o nosso sofrimento e preservou seu coração. O Junior não só superou o passado, como também encontrou caminhos para ajudar pessoas que passam por problemas parecidos com os dele. Aquele menino calado, inerte, emocionalmente doente, por fim conheceu alguém que lhe deu esperança e um novo sonho: Deus. Ele é real!

Sou grata ao Senhor por tudo o que ele fez e fará na vida de meu irmão, uma pessoa humanamente improvável de se tornar esse pai excelente que é hoje. De órfão de pai vivo e emocionalmente frágil a uma pessoa restaurada e pastor de muitos. É um privilégio ser testemunha ocular desse processo.

Pela graça de Deus, eu também fui abençoada. Conheci um bom homem, Geovane, com quem me casei, e que, aliás, era nosso vizinho e conhecia muito bem o drama familiar do qual fazíamos parte. Também contei com sua ajuda em meu processo de cura, de aprender a amar e a perdoar. Quando olho para ele, vejo o que significa ser um pai de verdade. Hoje, temos um filho, o Pedro. Eles têm um relacionamento pai e filho que me leva a agradecer a Deus todos os dias.

Embora eu não tenha conseguido ser uma boa mãe para o Pedro no início, por não saber como demonstrar amor e carinho, o Geovane, gentilmente, ensinou-me a dar e a receber amor. Eu tive de entender que o meu filho precisava de mim, do carinho de mãe, e não só de pai; ele necessitava do meu abraço, algo que me custava o mundo, mas que agora tenho o prazer de entregar. Por isso, digo que Deus também teve paciência comigo e foi renovando e transformando todas as áreas da minha vida. E o processo ainda não acabou. Hoje, construí minha família e estou crescendo a cada dia!".

Nosso padrasto tinha um comportamento muito possessivo; logo no começo do matrimônio, ele deixou claro que a nossa mãe pertencia a ele.

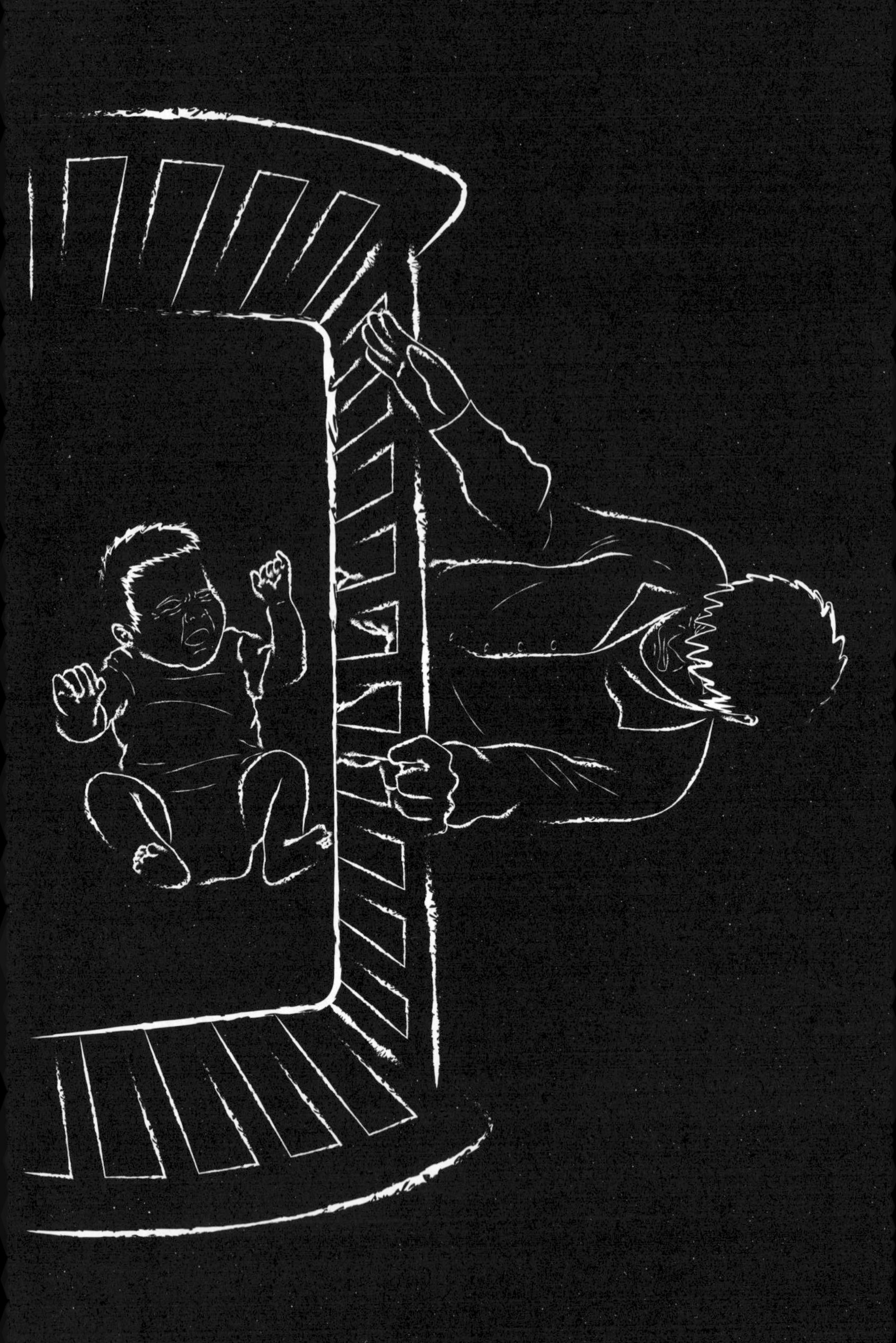

UMA PROMESSA, UM FILHO

CAPÍTULO

[...] depois de
derramar seu
coração diante
do Pai, sentiu
tranquilidade
e convicção de
continuar com
a gravidez.

AO DESCOBRIR-SE GRÁVIDA PELA sexta vez, minha mãe teve de lidar com uma mistura intensa de sentimentos. Visto todo o seu sofrimento até então, com as surras e os falecimentos precoces de seus primeiros bebês, esta não se tratava de uma gestação planejada ou sequer desejada por ela; contudo carregava a esperança de ver seu marido, finalmente, livrar-se do vício. Isso, porque ele sempre prometeu que pararia de beber assim que tivesse um filho homem. Sendo esse juramento apenas uma ilusão ou a mais pura das verdades, não sabia, só lhe restava então zelar pela sua saúde e a do bebê.

Foi quando procurou ter o devido acompanhamento pré-natal com um médico obstetra. Tudo ia razoavelmente bem, até que, no terceiro mês de gravidez, ela começou a ter muita coceira no corpo e foi diagnosticada com rubéola. Em razão disso, o médico que a atendia lhe sugeriu que ela fosse até Joinville para realizar um aborto, uma vez que a doença poderia fazer com que o bebê nascesse com sérios problemas.

A caminho de casa, após a consulta, ela parou para desabafar com uma vizinha e lhe contou tudo o que o doutor dissera. Creio que aquela mulher foi usada pelo Senhor ao dizer:

— Põe na mão de Deus, Edite, que ele sabe de todas as coisas! — Foi o que minha mãe fez.

Ela clamou ao Senhor, pedindo por direção e crendo que ele era poderoso para transformar sua realidade.

A Palavra nos garante que as nossas orações podem muito em seus efeitos (cf. Tiago 5.16). Ela também nos diz que os "olhos do Senhor estão sobre os justos, e os seus ouvidos, atentos às suas orações", mas que seu rosto é contra os que fazem o mal (1 Pedro 3.12). Minha mãe se agarrou a essas verdades e depois de derramar seu coração diante do Pai, sentiu tranquilidade e convicção de continuar com a gravidez. Logo a coceira passou, e Deus a ajudou a esperar com paciência e fé, por mais que lá no fundo de sua alma ainda houvesse certo medo em relação à saúde do neném.

Passados quase nove meses, chegou o dia do meu nascimento. Ao fim da manhã, minha mãe começou a ter dores de contração e pediu à Katia que fosse chamar meu pai para levá-la ao hospital. Como de costume, ele estava no bar e avisou que não iria naquele momento. Quando a noite se aproximava, minha mãe passou a ter dores mais intensas. Assim, a Katia foi novamente ao bar e obteve a mesma resposta do meu pai, aguardar mais um pouco. Então minha mãe esperou, mas quando já não suportava mais a dor, achando que daria a luz em casa, enviou a filha novamente para chamá-lo. Somente depois de três ou quatro tentativas, ele concordou em levar a esposa ao hospital.

Parcialmente embriagado, ele a colocou em seu carro e a deixou na maternidade. Em seguida, foi embora.

Ele ficou tão contente por se tratar de um menino, o qual havia esperado por tanto tempo, que puseram em mim o nome de Domingos em sua homenagem.

Por fim, apesar de todas as dificuldades, graças a Deus, eu nasci com muita saúde. Meu pai, ao saber da notícia, voltou ao hospital levando consigo uma rosa de plástico, por recomendação de alguns amigos. Seu estado de embriaguez era tanto, que cambaleava. Ele ficou tão contente por se tratar de um menino, o qual havia esperado por tanto tempo, que puseram em mim o nome de Domingos em sua homenagem. O filho homem havia chegado, e com ele a esperança de minha mãe ver a promessa finalmente se cumprir. Seu esposo deixaria a bebida.

Mas não foi o que aconteceu. Quando soube que seu menino havia nascido e estava vivo, ele se dirigiu ao prostíbulo da cidade para comemorar com a mulherada, e gritava para todo mundo ouvir: "Eu sou pai de um filho homem!".

A realização de seu desejo, infelizmente, não foi forte o bastante para impulsioná-lo a cumprir o que prometera, tampouco impedi-lo de me machucar. Eu comecei a apanhar dele com apenas sete meses de idade. Você leu corretamente: *sete meses*! A minha mãe conta que eu estava com ela quando o meu pai chegou alcoolizado a casa e me bateu muito. Ela não pôde impedir. Essa situação se desencadeou quando ela resolveu me colocar no meio dos dois na cama do casal:

— Ele já está dormindo... deixe ele dormir... Deite-se ali do lado... — disse ela.

Como evitava ter relações violentas e forçadas, acabava me usando para escapar de deitar-se com ele. Naquela ocasião, em especial, isso o deixou extremamente enfurecido e ele descontou a raiva em mim: dando-me uma surra com um cinto e depois me lançando no berço. De algum modo, ele me via como o responsável por tornar sua vida impossível.

Agora eu pergunto, você consegue imaginar um pai acordando um bebê de sete meses de idade com cintadas? As marcas de suas agressões permaneceram em mim por muito tempo, até quando, finalmente, anos mais tarde, tive um encontro com Cristo e fui curado, para a glória de Deus.

Apenas o Senhor seria capaz de me restaurar após todos os traumas que acumulei desde o ventre materno. O meu pai nunca me segurou no colo, beijou ou abraçou, nenhuma vez sequer; não expressava qualquer tipo de afeto em relação a mim. Em toda a minha vida, ele jamais disse que me amava. Hoje, sei que muitas pessoas passam por situações semelhantes às que vivi, e isso lhes inflige uma grande angústia, como aconteceu comigo.

Eu crescia, e a situação em casa não apresentava nenhuma melhora. Brigas, agressões, tanto verbais quanto físicas, humilhação, vergonha, discussões (e a lista se estende) eram fatores sempre presentes em nossa família. Em meio a tudo isso, o único lugar no qual eu realmente me sentia seguro era o colo da minha mãe. Por esse motivo, um momento de grande dificuldade para mim se deu quando atingi a idade de ir para o jardim de infância, com cerca de um ano; afinal, tinha de abandonar meu lugar de abrigo para desbravar um ambiente desconhecido.

O problema é que eu não sabia lidar com isso, era inseguro e muito temeroso. Resultado: meu pavor era tão grande, que eu não conseguia ficar até o fim de um período sequer na escola; foi nessa época que comecei a ter fortes crises de dores estomacais, de modo que praticamente todos os dias alguma professora tinha de me levar para casa antes de a aula acabar. Segundo a minha mãe, era só a moça ir embora para que eu começasse a brincar. Ao estar em meu lugar seguro, a dor parecia ir embora.

Certa vez, no Natal, depois de ganhar um carrinho de presente do meu padrinho, eu tive uma dessas crises estomacais. Minha mãe passou a noite inteira acordada comigo, então fomos ao médico, onde eu cheguei a fazer exames e ser internado, mas não conseguiam detectar qual era a verdadeira causa daquele sintoma.

Colocaram-me em uma cadeira para tomar soro, e lá eu fiquei chupando o dedo e chorando. Cheguei a gritar muitas vezes, porque, como não era permitido acompanhantes em atendimento médico naquela época (ao menos naquele pronto-socorro), mesmo sendo somente uma criança pequena, eu fui deixado sozinho na área de medicação. A minha mãe assustou-se diante da hostilidade da equipe médica e solicitou a minha liberação. Comentou a respeito disso com as vizinhas, pedindo-lhes alguma ajuda ou conselho, e elas não só recomendaram que eu fosse levado para outro hospital como se dispuseram até a pagar pela consulta.

Diante desse ato generoso, fui levado para Balneário Camboriú, Santa Catarina, a fim de realizar os devidos exames e obter um diagnóstico assertivo para a situação. Porém, o médico não encontrou nenhum indício de doença física, por mais que a dor se manifestasse em meu corpo; por isso, prescreveu um remédio que traria alívio àquele sintoma. Isso acabou ajudando, pois eu voltava a ter intensas dores estomacais todas as vezes que sentia raiva, medo ou pavor, quando era rejeitado ou vítima de *bullying* na escola.

Hoje, sabemos que a dor tinha origem emocional, e tratava-se de um mecanismo de defesa para sobreviver naquele ambiente familiar. Não faltavam gatilhos para desencadeá-la. Eu crescia, e ela continuava a despontar recorrentemente. Meu pai cria que era tudo um grande fingimento da minha parte, mas definitivamente não era. Sempre que me encontrava em um ambiente no qual não me via capaz de achar uma saída, a dor se manifestava.

Lamentavelmente, isso acontecia com bastante frequência. Afinal, tínhamos um dependente de álcool em casa e, portanto, instabilidade e situações desesperadoras não eram incomuns. Aquele modelo tradicional e saudável de família era apenas um sonho distante de mim. Eu tinha noção de como deveria ser um lar, um modelo ideal, contudo isso havia sido tirado de nós. Com meu vizinho e amigo, por exemplo, era bem diferente; ele, inclusive, era o único colega com quem eu costumava brincar.

Certa ocasião, estávamos brincando na rua quando o pai dele surgiu num caminhão vindo em nossa direção. Meu amigo saiu ao encontro do pai, gritando alegremente:

— Meu pai! Meu pai chegou de viagem!

Então, os dois se encontraram, o pai dele o colocou no colo, e os dois vieram dirigindo o caminhão juntos, buzinando até chegar à casa deles. Nunca mais me esqueci dessa cena. Tudo o que eu queria era viver algo parecido; esse era o meu sonho. Por isso, o tempo inteiro questionava: por que eu não nasci em outra família? Por que não tive um pai como o do meu vizinho? Essas perguntas eram recorrentes em minha mente, e isso muitas vezes desencadeava uma grande angústia e revolta na alma.

Aquele episódio simples de pai e filho era duplamente ambíguo, pois, apesar de especial, era extremamente diferente da minha realidade. Com meus sete anos de idade, lembro de um dia no qual meu pai chegou totalmente alterado à nossa casa. Ele estava tão fora de si, que derrubou um dos portões.

> *Aquele modelo tradicional e saudável de família era apenas um sonho distante de mim.*

— Corre, porque o pai *tá* chegando! — gritei para a Michele e para a Cris, enquanto ele avançava para dentro da casa.

Atordoado, meu pai foi direto para o quarto do casal; a mãe, Michele e eu corremos em direção à janela e pulamos para fora de casa, para escapar de suas agressões. Como ele não conseguiu pegar nenhum de nós três, foi atrás da Cristiane, que sempre ficava dentro de casa e não corria, afirmando não ter medo dele. O pai bateu intensamente na porta do quarto dela e, como Cris não abriu, ele acabou arrombando-a e, em seguida, espancou a menina. Ela costumava ficar roxa de tanto apanhar. Enquanto isso acontecia, podíamos escutar seus gritos de longe, e como é fácil reconhecer à distância os berros de dor e desespero que afligem as pessoas, não é mesmo?

Minha mãe voltou para defendê-la e, quando entrou no quarto, ele soltou a Cris e foi para cima dela, que conseguiu escapar do cômodo.

L

O PAI DELE O COLOCOU NO COLO, E OS DOIS VIERAM DIRIGINDO O CAMINHÃO JUNTOS, BUZINANDO ATÉ CHEGAR À CASA DELES.

NUNCA MAIS ME ESQUECI DESSA CENA. TUDO O QUE EU QUERIA ERA VIVER ALGO PARECIDO; ESSE ERA O MEU SONHO.

Do lado de fora, só ouvíamos o barulho dele quebrando tudo. Houve uma estrondosa gritaria, que era escutada por todos os vizinhos ao redor. Naquele dia, tivemos de passar toda a madrugada debaixo de uma árvore. Michele e eu ficamos de cócoras, bem juntinhos, só ouvindo o alvoroço que vinha de dentro da nossa casa. Enquanto isso, os pernilongos faziam a festa nas nossas pernas e braços. Toda aquela sucessão de situações me revoltava tanto, que eu costumava dizer:

— Mãe, o pai faz isso com a senhora porque eu sou pequeno. Mas, quando eu crescer, eu mato o pai.

— Menino, nem pense nisso — dizia ela. — Teu pai é uma pessoa boa. É só por conta da bebida que faz isso. Ele não é ruim. Você tem que entender...

Ela falava coisas do tipo inúmeras vezes. Acredito que o fazia porque, em primeiro lugar, tentava acreditar nisso e, em segundo, pois não queria que nossos traumas fossem agravados. A verdade é que ela conseguia me acalmar até certo ponto, mas a ideia de me livrar dele permanecia guardada, lá no fundo, dentro de mim.

Não sabia como pensar de forma muito diferente. Durante toda a nossa vida, eu, minha mãe e minhas irmãs vivemos conjunturas que, no geral, nenhuma família conseguiria suportar com facilidade. Humanamente falando, não havia esperança de futuro para nós; sonhos, paz, desejos, alegria, nada disso existia em nosso lar.

Por que eu não nasci em outra família? Por que não tive um pai como o do meu vizinho? Essas perguntas eram recorrentes em minha mente.

Talvez não seja diferente com você, mas posso garantir que, em Deus, há um caminho para romper esse ciclo. Alguns eventos da minha vida indicavam como eu estava fadado ao fracasso, à escravidão das minhas emoções e à falta de perspectiva de vida. Contudo, encontrei esperança no Senhor, e todos que sofrem com alguma questão semelhante também podem achar uma saída.

Só que chegar a essa conclusão não aconteceu da noite para o dia, foi um processo.

À medida que me aproximava da adolescência, carregava valores distorcidos e apenas maus exemplos de masculinidade. Mas havia um ímpeto dentro de mim: proteger a minha mãe. Eu me sentia cuidado e seguro com ela, mas costumava estar sempre alerta, atentando-me para checar se o meu pai se aproximaria com alguma má intenção. Ele tinha o costume de andar com uma faca na cintura, a qual dizia ser para matar a minha mãe. Tentou fazer isso muitas vezes, e houve uma em que quase conseguiu; eu e minhas irmãs, entretanto, gritamos, corremos para perto dela e fizemos o maior escarcéu para impedi-lo de cometer a atrocidade.

Inclusive, tínhamos de vigiar para que ela pudesse dormir. Sempre mantivemos uma postura de atenção em casa, como se fôssemos crianças e guarda-costas ao mesmo tempo. Eu jamais poderia permitir que algo acontecesse à minha mãe. E ela também fazia de tudo para nos defender. Havia um instinto de sobrevivência e proteção mútuas. Tanto é verdade, que não foram poucas as ocasiões em que me pus entre o meu pai e a minha mãe, quando ele avançava para bater nela; eu fazia isso na tentativa de afastá-lo e impedir suas agressões, porém ele me lançava para longe e seguia agindo violentamente.

Lembro-me de uma vez em que ele encurralou a minha mãe, puxou seus cabelos e começou a socá-la. Isso aconteceu em um momento de descuido da minha parte e, quando cheguei à cozinha, ela estava acuada e espancada, a ponto de ter caído no chão. Pulei nas costas dele e tentei enforcá-lo. Bastou me dar uma cotovelada para que me fizesse voar e tombar; desimpedido outra vez, continuou a bater nela. As minhas irmãs correram para ajudar, mas não conseguiram. Em apelo desesperado, pediram auxílio aos vizinhos, que chamaram os policiais, e somente eles conseguiram separar a briga. Situações semelhantes a essa sucederam diversas outras vezes.

Eu corria...
A minha mãe corria...
As minhas irmãs corriam...
Um gritava para o outro...
Os vizinhos acudiam...
A polícia chegava. Tomava nota. Liberava.

Foi por isso que dormir fora de casa acabou se tornando rotineiro para nós. Ao voltar para lá, o pai nos agrediria outra vez; não havia segurança naquele lugar. E imagine só a gritaria decorrente de toda violência. Os vizinhos ouviram tanto os nossos gritos, que alguns meninos que moravam ali na rua começaram a me chamar por um nome nada agradável. Além do mais, como eu era incumbido de comprar a cachaça e o cigarro do meu pai, a caminho do bar já começava a escutar a zombaria:

— Lá vai o filho do cachaceiro!

Eu retornava para casa com uma garrafa de cachaça na mão, enquanto aquelas palavras retumbavam na minha cabeça. Preferia morrer a ter de lidar com aquela forma dura de *bullying*, que expunha minha dolorida realidade.

Não tenho uma lembrança sequer de um passeio agradável com o meu pai. Ele nunca nos chamou para sair ou fazer uma viagem em família. A única vez que me fez um convite foi quando, em uma ocasião, eu estava no portão de casa — como de costume, apenas olhando meus amigos jogarem bola —, e ele me chamou para acompanhá-lo ao bar. Ele já ia saindo e, ao me ver ali parado, disse:

— Junior, você quer ir no bar tomar uma laranjinha[1] com o pai?

Eu mal podia acreditar que ele realmente estava me fazendo um convite, porque jamais havíamos saído juntos antes. Até o fim de sua vida, aquele foi o único momento que lembro de o meu pai olhar nos meus olhos e, de coração, chamar-me para ir com ele a algum lugar, ainda que fosse ao bar. Pela primeira vez, senti-me filho. Nunca me esquecerei daquilo. Na mesma hora aceitei sua proposta e fiquei superfeliz com isso. Fui andando lado a lado com ele, e até tentei lhe dar a mão, mas ele não correspondeu ao meu gesto, apenas disfarçou e tirou a mão dele de perto da minha. Creio que ele sequer sabia como oferecer algum afeto, mas o simples fato de passear com ele já me alegrava imensamente. Segui ao seu lado, e continuamos a caminhada.

[1] N.E.: Segundo O Guia dos Curiosos, Laranjinha foi o primeiro refrigerante de laranja do estado de Santa Catarina, sendo que hoje pode ser encontrado não só por lá, como também nos estados vizinhos. Veja mais em: <O mapa dos refrigerantes do Brasil inteiro - Guia dos Curiosos>. Acesso em: 4 de fevereiro de 2023.

PELA PRIMEIRA
VEZ, SENTI-ME
FILHO. NUNCA
ME ESQUECEREI
DAQUILO.

Então chegamos a um pequeno bar da região. Pediu uma laranjinha só para mim e, é claro, uma cachaça para ele. Virou a primeira dose, enquanto eu tomava meu refrigerante bem devagar; passado um tempo ele pediu outra medida de sua bebida. Em seguida, os amigos dele começaram a chegar e eu fiquei ali no meio, um tanto deslocado, mas feliz. Solicitou mais uma dose de cachaça e mais amigos apareceram. Alguns deles perguntavam com um tom brincalhão:

— E aí, Nono (como era chamado), esse é o seu filho?

E ele dizia:

— Sim, é o meu herdeiro.

Naquele momento, eu me senti bem e aceito, como nunca antes. Na verdade, estar ali com o meu pai, a convite dele, fazia com que me achasse importante, pois era como se eu estivesse sendo reconhecido por ele. A maioria dos meus amigos contava com um pai presente, com quem costumavam sair e construir boas memórias, mas eu não tinha sequer uma história sobre um momento bom e especial ao lado do meu, nem de um abraço dele.

Passada uma hora naquele bar, ele já havia se embriagado e começou a dizer uma porção de bobagens, ao mesmo tempo em que ria muito alto. A situação foi se agravando e a noite se aproximava. Quando escureceu, ele já estava caindo e não falava direito. De repente, levantou a voz e me mandou ir embora para casa; se eu não fosse, poderia apanhar ali mesmo. Acabei voltando sozinho.

Por volta da meia-noite, algumas pessoas da vizinhança vieram chamar a minha mãe para dizer que o pai estava jogado na esquina de casa. Fomos juntos buscá-lo e o encontramos todo ensanguentado, uma vez que tinha caído de tanto cambalear bêbado pelas ruas. Assim se encerrou, lamentavelmente, o único dia em que me senti filho; pelo menos uma vez me reconheci dessa maneira, ainda que não tenha durado muito tempo.

Apesar de inúmeras situações horríveis terem ocorrido em nossa família, envolvendo a bebedice, minha mãe mantinha sua decisão de não dizer nada que nos colocasse contra o nosso pai; ela nos prometia que ele iria melhorar em algum momento, e de fato cria nisso. O problema é que acabávamos vivendo uma mentira, alimentando a esperança de algo que não se concretizava.

Dia após dia, tínhamos de lidar com a violência doméstica, a ponto de uma surra do pai ser comum para nós. A Cris, porém, jamais se conformava com isso, desejava até bater nele, mas a mãe sempre dizia para seguir em frente, porque, com a força que ele tinha, era capaz de matá-la de tanta raiva ao se vingar.

Certa vez, ela pegou um ferro de mais ou menos seis centímetros de espessura e planejava acertá-lo com isso, mas o nosso pai o tomou de sua mão. Imagine agora seu estado de nervo! Só o compadre Ramiro, um amigo da família, pôde acalmá-lo. Já havia acontecido de outro um vizinho ter tentado apartar uma briga em casa, mas no fim ele teve de correr para não ser agredido por meu pai, que tinha uma força diabólica.

Como em minha casa o ambiente era sempre repleto de destruição, brigas e confusão, aquela forte dor estomacal não me dava trégua. Além do mais, em muitos momentos eu me sentia paralisado. Inclusive, esse foi um dos motivos que me levaram a abandonar a escola no sétimo ano do ensino fundamental – eu simplesmente não tinha mais forças para frequentar as aulas.

Aquele foi um dos piores anos da minha vida. Eu pensava que, por ter saído da escola, havia encontrado a solução para o meu sufoco, mas não foi isso que aconteceu. Afinal, o problema não estava lá, mas dentro de mim. Eu chorava muito por causa da pressão e do sentimento de rejeição vividos na escola; era uma sensação desesperadora. A dor e aflição eram tamanhas que cheguei a ponto de me automutilar; nunca me cortei profundamente até sangrar, porém ficava cheio de marcas. Eu me apertava, me socava, puxava meus cabelos e pedia pela minha morte, só que não tinha coragem de tirar a minha vida. De todo modo, não queria mais viver.

O problema é que acabávamos vivendo uma mentira, alimentando a esperança de algo que não se concretizava.

Olhando para a minha história, a partir da compreensão que carrego hoje, e observando a realidade de muitas pessoas com quem tenho contato, percebo que a orfandade é a raiz de inúmeros males emocionais. As frustrações e os bloqueadores decorrentes de lares destruídos nos paralisam tanto, que podemos até perder o interesse pela própria vida. Quando, porém, temos um encontro com o Senhor e o aceitamos como único e suficiente salvador, o Espírito Santo passa a habitar em nós. Ele nos guia em toda a verdade (cf. João 16.13) e, aos poucos, leva-nos a nos desvencilharmos de tudo que nos paralisa; ele gera em nós o fruto do Espírito, o qual se manifesta em nove características: amor, alegria, paz, paciência, amabilidade, bondade, fidelidade, mansidão e domínio próprio (cf. Gálatas 5.22-23). Passamos, então, a viver a melhor versão de nós mesmos, pois também é em Cristo que nos tornamos filhos amados de Deus, como explicarei melhor mais adiante.

As frustrações e os bloqueadores decorrentes de lares destruídos nos paralisam tanto, que podemos até perder o interesse pela própria vida.

ASSOCIAÇÃO LAR DA CRIANÇA FELIZ

Durante o estágio obrigatório da minha esposa ao cursar Serviço Social, realizado na Vara da Infância e da Juventude no fórum da comarca de Itajaí, ela estava impactada com algumas situações vivenciadas por pessoas na nossa cidade, especialmente as crianças. Quando conversávamos sobre isso, tudo o que ela dizia me levava a recordar de situações que eu tinha vivido na minha infância.

Em determinado dia, minha esposa, Michelle (sim, ela e uma das minhas irmãs têm o mesmo nome, com um "l" de diferença), chegou muito aflita à nossa casa, porque fora informada de que o único abrigo responsável pelo acolhimento de crianças de zero a doze anos da nossa cidade seria fechado por falta de recursos financeiros.

Ela mal acabara de me dar a notícia e logo me convocou a agir:

— Junior, você tem que fazer alguma coisa! Eu sou apenas uma estagiária do fórum, mas você é pastor nesta cidade!

Quando consegui contato com alguém que pudesse me informar sobre o abrigo, descobri que ele já havia sido entregue à prefeitura. Voltei triste para casa, por não ter me informado com antecedência acerca dessa questão.

Dois meses depois, em janeiro de 2015, eu estava na praia do Mariscal com a minha família e, enquanto brincava com meus filhos, vi uma mulher entrar no mar e, de alguma forma, senti Deus me impulsionando a falar com ela. Sendo um completo estranho, alguém que luta diariamente para vencer a timidez, tive certa dificuldade de abordá-la, mas consegui iniciar uma conversa. Enquanto nos falávamos, perguntei se ela conhecia alguns dos projetos que eu realizava na cidade, ao que me respondeu da seguinte forma:

— Talvez você saiba quem sou. Sou conhecida na cidade por ser a presidente do Abrigo de Crianças.

Disse isso e me informou seu nome. Concluí então que aquela era a mulher com quem eu havia conversado ao telefone anteriormente.

Imediatamente, eu lhe disse que havia entrado em contato com ela dois meses antes, pondo-me à disposição para assumir o abrigo, ao que ela confessou:

— Pastor, eu procurei o seu telefone, porque me arrependi de entregar o abrigo para a prefeitura; desde então fiquei inquieta, mas não lembrava o nome da igreja para procurá-lo.

Juntos, marcamos uma reunião com o prefeito da cidade, e ele nos concedeu a autorização necessária para reiniciar o projeto que abrigava crianças. Isso se deu, porque ele reconhecia o excelente trabalho que estávamos realizando nas associações Escolhi Amar e Conviver. Foi assim que assumi a coordenação do Lar da Criança Feliz e, desde então, depois de ter vivido tamanha dor na infância, tenho a oportunidade de, ao lado da minha família, outros colaboradores e o auxílio do Senhor, acolher e transformar a realidade de crianças que são retiradas de suas famílias por determinação judicial, inserindo-as em um ambiente seguro.

O Lar oferece uma equipe técnica que realiza o acompanhamento das famílias biológicas e a devida análise para verificar se as crianças podem voltar ao seu lar de origem ou não. Em seguida, informamos a situação ao Juizado, que decide se cada criança deverá retornar à casa em que nasceu ou se será encaminhada para adoção.

Durante todo o acolhimento, registramos sua história conosco por meio de relatos e fotos, afinal muitas dessas crianças vêm direto da maternidade. Isso quer dizer que cabe a nós acompanhar seus primeiros dias de vida, o nascimento do primeiro dente, os primeiros passos e as primeiras palavras. O nosso desejo é que elas tenham essa memória preservada para, quando forem maiores, poderem revisitar sua história.

Uma das coisas que mais me deixava contente na infância era quando a minha mãe pegava o meu álbum de bebê para mostrar às visitas. Fui um bebê muito bonito: loiro, com olhos verdes, e bem gordinho. Eu ficava todo orgulhoso ao ouvir a minha mãe comentar cada foto; sentia-me amado. Anos mais tarde, quando ela se casou com o meu padrasto, tudo indica que, por se sentir enciumado com os elogios da minha mãe a meu respeito, ele sumiu com o meu álbum de fotos. Hoje, ainda me lembro do quanto essas memórias eram importantes para mim; por esse motivo, quero preservar ao máximo as memórias das crianças do nosso abrigo.

O Lar funciona em um local estruturado com tudo aquilo a que eu não tive acesso, e é muito semelhante ao que os meus filhos têm. Os quartos estão decorados com papéis de parede coloridos, têm camas e espaço individual no guarda-roupa para cada criança, bem como sala de estudo e brinquedos. Além das instalações físicas, buscamos capacitar os nossos profissionais para acolher cada uma dessas crianças no período em que estiverem sob o nosso cuidado.

Testemunho de Diones e Karina, pais adotantes

Orávamos há mais de sete anos pedindo a Deus um filho, então Guilherme apareceu. Conhecemos o pequeno por acaso, em uma festa da família promovida pela igreja. Vi aquele menino tímido chegar e passei o dia observando-o. Pedimos para levá-lo para passear e ficamos encantados com ele, decidimos então iniciar o processo de adoção. Deus foi perfeito e, no último dia de trabalho do ano no fórum (e o meu também), ele nos abençoou com a guarda do Guilherme.

A verdade é que nunca tínhamos pensado em adotar uma criança grande, até conhecê-lo, com seus dez anos de idade. Hoje entendemos que os encontros de futuros pais e filhos precisam acontecer de maneira urgente, principalmente quando falamos em adoção tardia; até porque vale lembrar: não são somente os pais que adotam; nós também somos adotados pelos filhos.

Aprendemos dia após dia com essa relação. O tempo nos fez perceber que o Guilherme não foi gerado por nós, mas para nós. Viver com ele é como receber do Senhor um presente por dia.

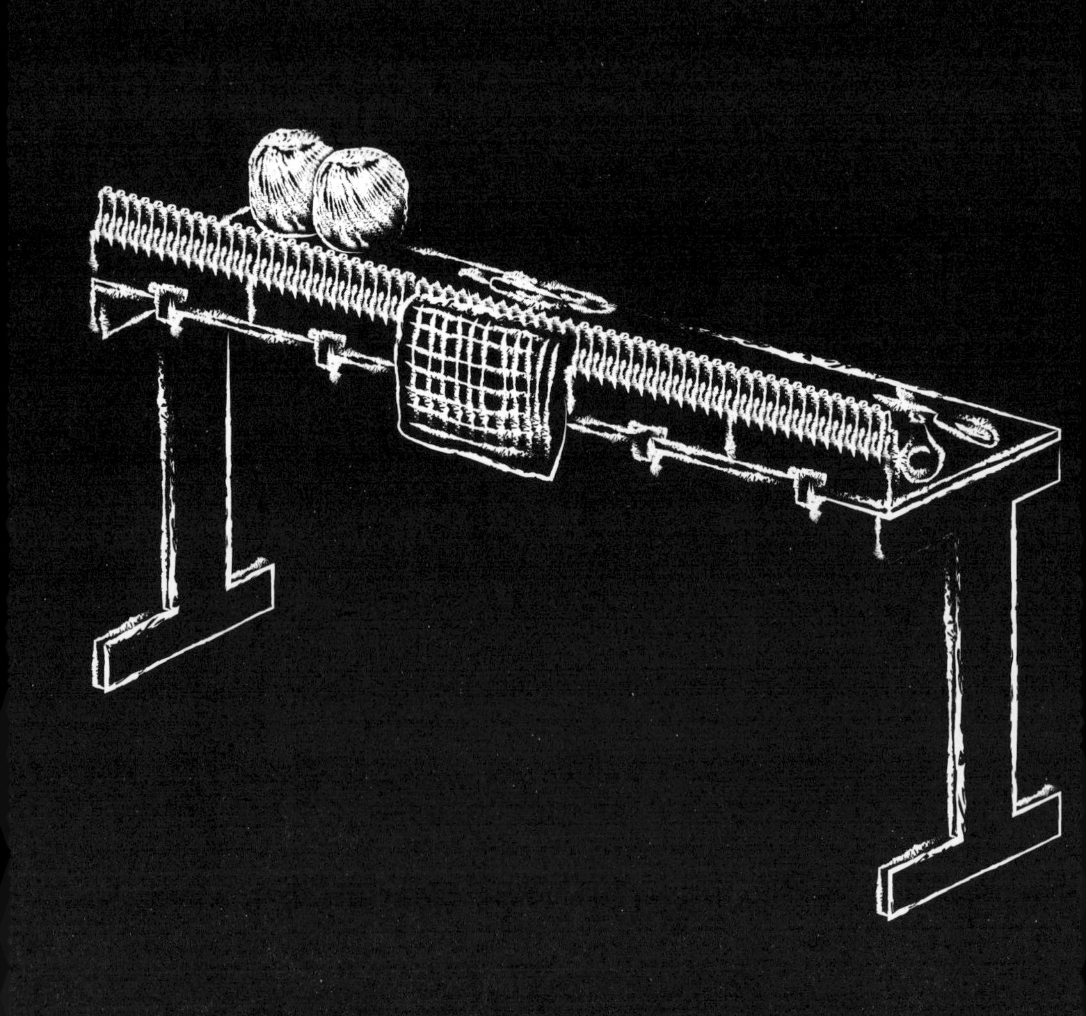

TRICOTANDO PARA VIVER

4

CAPÍTULO

Lembro que eu desejava muito ser aquele meu amigo, que brincava comigo na rua, porque ele comemorava o aniversário em família.

UMA DAS CONSEQUÊNCIAS DA instabilidade vivida em nosso lar era a grave escassez de recursos financeiros. Isso, somado ao medo e à tensão em que vivíamos, tornava momentos especiais em família, como as tradicionais comemorações de aniversário, Dia das Crianças, Páscoa e Natal, totalmente inexistentes. Afinal, como celebrar alguma festa quando, em nossa casa, já chegamos a ponto de não ter sequer pratos e copos? E mesmo que tivéssemos itens básicos como esses, haveria um clima agradável para festejar?

Muitas vezes, eu desejei ter a vida daquele meu amigo que brincava comigo na rua, porque ele sempre comemorava o aniversário em família e com os amigos; todos cantavam parabéns para ele. Mas, para mim e minhas irmãs, não havia nem mesmo um bolo simples. No Natal, não ganhávamos presentes, nunca tivemos uma árvore decorada ou coisas do tipo. O pouco que sabíamos sobre as tradições natalinas se devia ao fato de que víamos a reunião dos vizinhos e assistíamos aos preparativos para essa festa, ou porque, às vezes, éramos convidados para celebrar com eles.

Agora, em família, não havia nenhuma comemoração. Uma simples refeição, um tempo juntos à mesa, não era viável. Ao menos não com meu pai. Isso, porque ele passava um longo período fora de casa e, quando aparecia para almoçar, era no horário que bem entendia, sem aviso prévio. Se, ao entrar, ele nos encontrasse comendo, simplesmente virava a mesa, puxava a toalha e lançava as louças e as panelas abastecidas nas paredes. Quebrava tudo o que estivesse em sua frente, de modo que todos nós tínhamos de parar a refeição na mesma hora.

Era com bastante dificuldade que minha mãe preparava algum alimento e, no fim, nem sempre conseguíamos comer. Ela não fazia grandes compras no supermercado, mas só adquiria, aos pouquinhos, o que conseguia custear: apenas o básico, algo para saciar minimamente a nossa fome. Às vezes, pedíamos coisas que a maioria das crianças gostam, como bolo, bolacha, chiclete e bala, porém nenhum desses desejos podia ser atendido.

Acontece que nem sempre meus pais se encontraram em situação de tamanha pobreza. No início do casamento, quando ficava sóbrio com um pouco mais de frequência, meu pai costumava ser um excelente profissional, atuando como mecânico automotivo. Era assim que obtinha bons ganhos. Assim, houve um tempo de prosperidade na vida deles: tiveram duas casas, três lotes e mais de um carro ao mesmo tempo. Contudo, ele nem sempre negociava com sabedoria, especialmente se realizava algum acordo embriagado; quando isso acontecia, sofria prejuízos enormes. Um exemplo ocorreu certa vez quando trocou uma casa, que alugava para gerar renda, por um automóvel que não se encontrava em bom estado.

— Tu *vai* dar uma casa que está alugada em troca de um carro velho? — minha mãe questionou.

Ele respondeu que sim; disse que o reformaria para ela usar. Porém, pouco tempo depois da aquisição, saiu para dar uma volta com o automóvel e voltou com ele batido. Esse episódio apenas ilustra como ele perdia da mesma forma que ganhava, a ponto de não sobrar nada, nem para ele nem para o restante da família.

O pouco que eu sabia sobre as tradições natalinas era porque víamos os vizinhos comemorando.

O tempo passava e não se via melhora alguma na situação, pelo contrário, a cada dia meu pai se mostrava menos confiável e capaz de arcar com as contas da casa. A princípio, minha mãe não precisou trabalhar, pois ele trazia o sustento; no entanto, após os primeiros dez anos de casamento, ele passou a ficar cada vez mais dependente do álcool e, por isso, os recursos foram se tornando mais escassos.

Foi mais ou menos nessa época, quando a Kátia ainda era bem pequena, que surgiu a necessidade de minha mãe assumir a responsabilidade de bancar os gastos da família; afinal, havia um bebê que deveria ser bem alimentado, ter fraldas limpas e todos os demais cuidados que uma criança requer para crescer saudável. Ela não permitiria que sua filha passasse fome – infelizmente não podia contar com o marido para suprir o lar. Então, naquele momento, não encontrou outra saída: foi até um fabricante em Itajaí e comprou, em várias prestações, uma máquina de tricô, mesmo sem saber ao certo como usar o equipamento. Seu intuito era produzir peças e vendê-las. Foi preciso pedir ajuda a um casal conhecido, que morava em outro bairro e trabalhava no ramo:

— Pelo amor de Deus... me ajude, pelo menos, a abrir a máquina e entender por onde sai o tricô!

Após receber as devidas orientações, voltou para casa, montou o equipamento e foi tentando até que conseguiu produzir algo. Essa foi a solução encontrada para cuidar dos filhos e obter alguma renda para o sustento da família, trabalhando em casa. Anos se passaram e ela continuou produzindo peças em tricô e vendendo na região. Eu e todas minhas irmãs carregamos em nossa memória a cena da mãe com aquela máquina, a qual operava por horas e horas.

À medida que meu pai se tornava mais dependente do álcool, a escassez se agravava e minha mãe se virava como podia. Além de revender roupas e bijuterias, e produzir peças artesanais com a máquina de tricô, chegou a trabalhar fora de casa por um tempo. Inclusive, de tanto realizar movimentos repetidos, hoje, tem o que se chama de "pulso aberto", por isso não consegue segurar muita coisa em suas mãos nem carregar peso.

Por mais que ela batalhasse, só conseguia bancar os gastos mais essenciais; em contrapartida, meu pai seguia envolvendo-se em maus negócios, muitas vezes, sem pensar com clareza. Foi assim que, quando a Cris tinha um ano e a Kátia quase sete, eles se encontraram superendividados; cobradores batiam na porta de casa com frequência. Como não havia dinheiro para pagá-los, certo dia pegaram boa parte dos móveis que encontraram ali. Sobraram apenas alguns itens, como sofá, cama e colchão, que logo tiveram de ser vendidos. A única coisa que restou foi a máquina de tricô, que poderia trazer um sustento para a família.

Esse foi o motivo de se mudarem para o Mato Grosso e, em seguida, Paraná. No meio de toda essa situação, ele decidiu vender uma casa de madeira que tinham em Itajaí, por isso pediu para que minha mãe voltasse lá e resolvesse a questão com o morador que alugava o local. Com duas crianças pequenas, sua máquina de tricô e um carro velho, percorreu oitocentos quilômetros para fazer a negociação. Ela teve de implorar para o inquilino aceitar algum acordo, visto que ainda faltava cerca de um ano para o vencimento de seu contrato; teve também de procurar outra residência para ele.

Depois de bastante esforço, conseguiu vender o imóvel. O comprador lhe pagou com dois lotes no bairro São Vicente, na cidade de Itajaí. Aquelas terras geraram uma boa quantia, sendo que parte dela foi usada para pagar as prestações de um carro que estava financiado no nome do meu pai, já a outra ficou com ela em dinheiro: dez mil cruzeiros.

Como minha mãe havia partido para Itajaí apenas a fim de solucionar a questão da casa, deveria retornar ao Paraná, onde estava seu esposo. Contudo, por um instante, ela hesitou. Pensou na possibilidade de usar o valor que tinha em mãos para reconstruir a vida com os filhos em um novo local; questionou-se se deveria voltar para onde está o meu marido que a maltratava todos os dias. De um lado, tinha a chance de recomeçar; de outro, contava com as ameaças do meu pai. Ele sempre dizia que, se ela o deixasse, não só a encontraria com os filhos onde quer que fossem, como atearia fogo na casa em que estivessem.

Por fim, acabou decidindo não arriscar e voltou ao seu encontro. Como a maioria das vítimas de violência, minha mãe era movida pelo medo. Até dizia que algum dia deixaria meu pai, mas, em resposta, era ameaçada de morte e não tomava nenhuma atitude para quebrar aquele ciclo. Foi por essa razão que retornou; e, uma vez no Paraná, engravidou novamente.

Durante o período dessa gestação, meu pai viajava muito, chegando a passar quatro meses no Pará. O triste dessa situação é que a ausência dele gerou mais alívio que saudade. Minhas irmãs mal podiam olhar para ele, pois bastava vê-lo para ficarem completamente amedrontadas. De todo modo, estando o bebê prestes a nascer, ele voltou e pôde presenciar a vinda da pequena Michele, uma criança saudável e linda. Quando ela tinha apenas vinte e oito dias de vida, meu pai decidiu vender tudo outra vez e ir embora para o Pará. Sob ameaça, minha mãe cedeu e, assim, partiram com as crianças rumo a São Félix do Xingu.

A viagem era longa e cansativa, fazia um imenso calor, e a Michele, bem pequena, ainda precisava tomar mamadeira em períodos curtos. Assim, por cinco dias, pegavam a estrada logo ao amanhecer e dormiam à noite em qualquer hotel que encontrassem na rodovia. Planejavam chegar lá e abrir uma oficina, porém a ideia fracassou. No meio do caminho até o Pará, começou a cair um temporal incessante. Em consequência, decidiram retornar a Itajaí e, ali, toda a família, com suas malas, a máquina de tricô e tudo mais, tiveram de ser reacomodados na mesma casa de onde haviam saído. Como a venda da residência já tinha acontecido, foram obrigados a comprá-la novamente — não sem um certo prejuízo, lógico.

Foi em Itajaí que, mais tarde, eu viria a nascer. Também foi nessa cidade que a família continuou vivendo uma série de desventuras. Nem sempre tínhamos o que comer. Muitas vezes, ganhávamos algo de vizinhos, como a mãe do Geovane — a qual, posteriormente, tornou-se sogra da Michele —, que nos levava alimentos incansavelmente. Uma outra vizinha, a Zilma, socorreu a minha mãe inúmeras vezes. Na verdade, todos ao redor se compadeciam dela e ajudavam como podiam.

À medida que meu pai se tornava cada vez mais dependente do álcool, a escassez se agravava.

De modo geral, as refeições em casa eram bastante escassas. Pela manhã, quando acordávamos para ir à aula, a mãe nos servia apenas o café, pois pão e leite eram raros. Conseguíamos, com certa dificuldade, segurar a fome até a hora da merenda na escola, o único lugar em que sempre podíamos comer bem.

Voltávamos para casa e, por volta do meio-dia, geralmente almoçávamos: arroz com uma pequena quantidade de mistura[1], caso houvesse alguma. Se tinha ovo, era um para cada; às vezes, minha mãe nos mandava comprar meio quilo de asinha de frango, que era racionado ao longo da semana toda. Eventualmente, uma ou duas vezes por ano, tinha carne bovina, em geral um pouco de bife, que era cortado em tirinhas para dividirmos; ninguém pegava um inteiro.

[1] N.E.: Mistura é um termo geralmente usado, em diversas partes do Brasil, para referir-se à proteína que se serve em um prato de almoço ou jantar. Exemplo: frango, carne, ovo, etc.

L

PELA MANHÃ, QUANDO ACORDÁVAMOS PARA IR À AULA, A MÃE NOS SERVIA APENAS O CAFÉ, POIS PÃO E LEITE ERAM RAROS.

CONSEGUÍAMOS, COM CERTA DIFICULDADE, SEGURAR A FOME ATÉ A HORA DA MERENDA NA ESCOLA, O ÚNICO LUGAR EM QUE SEMPRE PODÍAMOS COMER BEM.

Após o almoço, só nos restava esperar. Perto das sete horas da noite, nossa mãe costumava preparar um café, e o servia com pão e margarina. Podíamos complementar a refeição com uma banana também, algo que meu pai não deixava faltar em casa, pois gostava muito e era o que mais ele comia. Mesmo bêbado, não deixava de trazer sua fruta preferida. Assim, ao todo, fazíamos em média de duas a três refeições por dia.

Lembro-me de uma vez em que o pai apareceu com uma caixa cheia de pintinhos, eram cerca de vinte. Nós os soltamos em um terreno atrás de casa para criá-los. Eles foram crescendo e, passados mais ou menos trinta dias, já começamos a matá-los para servir como mistura. Em aproximadamente um mês, tínhamos comido todos os franguinhos; não esperamos nem que chegassem a completar um quilo, iam para a panela magrinhos mesmo. Para nós, aquele foi um breve período de abundância; matávamos de duas a três aves por dia e as comíamos por inteiro. Era nosso delicioso banquete diário.

Certo dia, meu pai trouxe linguiça, alimento que protagonizou uma cena que teria sido hilária se não fosse desastrosa. Estávamos em casa, famintos, e ele lá da rua já vinha anunciando a compra daquele tipo de carne. Aproximando-se do nosso portão, começou a distribuí-la entre os cachorros dos vizinhos! Sim, entre os cachorros, que, diga-se de passagem, frequentemente, comiam melhor que nós.

Bom, via de regra, nossa alimentação era bem precária, pois o pouco que a mãe ganhava de remuneração era utilizado, majoritariamente, para pagar as contas de luz, água e gás. Em especial, porque necessitava de energia elétrica para trabalhar com a máquina de tricô; nunca atrasou nenhum desses boletos, e, por isso, a luz e a água não foram cortadas lá de casa nenhuma vez. O único problema é que não sobrava quase nada para a nossa alimentação, até porque, em muitas ocasiões, ela precisava ceder parte do dinheiro que tinha para comprar o cigarro e a bebida do meu pai — é claro que jamais por espontânea vontade, mas porque ele fazia ameaças.

Nem sempre tínhamos o que comer. Muitas vezes, ganhávamos algo dos vizinhos.

Sendo assim, jamais cheguei a comer um biscoito recheado, iogurte, chocolate, ou qualquer coisa do tipo em casa quando criança. Passamos a conhecer esses alimentos por causa de alguns vizinhos. Não à toa, usávamos a desculpa de brincar na casa deles só para ficarmos por lá até a hora do café da tarde. Por um lado, tínhamos a chance de provar algo diferente do que estávamos acostumados; por outro, não encontrávamos facilidade para colocar nosso plano em prática, já que a nossa mãe desenvolveu uma técnica ferrenha de privação após ter descoberto nossas intenções.

Antes de sairmos, ela nos orientava, arregalando os olhos, de que não deveríamos sequer olhar para o que havia nas residências alheias. Em nome das boas maneiras, quando estivéssemos visitando alguém cuja situação financeira se achasse melhor que a nossa, por mais tentador que fosse, jamais poderíamos pedir algo para comer e, se nos oferecessem algum alimento, a primeira resposta precisaria ser negativa; só tínhamos a opção de aceitar a oferta se insistissem.

Havia ocasiões, por exemplo, em que serviam algo no prato, depois nos chamavam para nos sentarmos e comermos. Nesses casos, ela nos autorizava a aceitar a gentileza da anfitriã. No fim das contas, mesmo com tantas regras de comportamento ao visitar vizinhos e parentes, nós gostávamos muito de estar na casa deles, fosse pela companhia, pelo clima acolhedor de seus lares ou pela variedade de comida que nos ofereciam.

Graças ao bondoso Deus, sempre estivemos cercados de pessoas caridosas. Em meio ao caos que vivíamos, encontramos vizinhos que se tornaram verdadeiros amigos para a nossa família; indivíduos que, de fato, estendiam-nos a mão quando a necessidade dava as caras — algo que, infelizmente, era costumeiro em nossa história até então.

Uma dessas pessoas acolhedoras era uma senhora que vendia churros perto da rua onde morávamos. Ela dizia que abriria a porta para nos receber quantas vezes fosse preciso. Porém, como Itajaí é uma cidade litorânea, no verão seu trabalho se intensificava, de modo que ela permanecia até tarde na praia ou em eventos na região central; muitas vezes, só chegava de madrugada. Por isso, houve um tempo em que ela deixava sua chave com minha mãe.

Quando chovia muito, fazia bastante frio ou ocorria algum episódio catastrófico com o meu pai, em que éramos obrigados a sair de casa, recorríamos a essa amiga. Já aconteceu de ela chegar tarde do trabalho e nos encontrar em sua residência, então, em vez de se sentir incomodada, punha-se a preparar uma refeição para nós. Guardo até hoje, em minha memória, o delicioso sabor dos pratos de arroz com carne, sempre fartos, que ela nos servia.

Há outros vizinhos de quem também me recordo com muito carinho, como a dona Laci; ficávamos sempre felizes nas visitas que fazíamos à sua residência, porque ela nos oferecia diversas comidas gostosas. Mas era preciso nos controlarmos e mantermos um bom comportamento, do contrário levávamos beliscões da mãe. Diante de qualquer mudança em sua expressão, um olhar que fosse, deveríamos nos segurar, recusando o que nos oferecessem, ou aceitando apenas um pedacinho. Em contrapartida, é bem verdade que nem toda a instrução do mundo nos impediria de degustar as delícias que víamos na casa dos vizinhos.

Uma vez, a pobre Michele chegou a desmaiar na casa da dona Zilma por causa de um suco de abacaxi. Com apenas três anos de idade, ela já sabia que não podia aceitar o que lhe ofertavam logo de primeira; todavia, o cheiro apetitoso da bebida era tão bom, que ela não aguentou ter de recusá-lo e caiu desacordada no chão. Minha mãe detectou rapidamente o motivo do desmaio, então a levantou e lhe deu um pouco do suco – a pequenina ficou bem na mesma hora.

Agora, para além das nossas vontades, existiam as carências fisiológicas. Lembro-me de que tinha de tomar vitaminas por indicação médica, pois eu era um pré-adolescente bem miudinho, abaixo do peso ideal para a idade. Os doutores costumavam receitar estimulantes de apetite, mas mal sabiam que o motivo de eu me encontrar naquele estado era, muitas vezes, a falta de comida em casa; e, quando havia, era preciso dividir um pouquinho para cada um. Nós não contávamos aos médicos, pois sentíamos vergonha da situação.

Também suspeitavam que eu poderia estar com vermes, o que se resolveria se passássemos mel na pele. Minha mãe assim o fez, pois ela sempre dava o seu melhor por nós, para nos ver bem. Lembro-me de que, naquele dia, fiquei por cerca de uma hora com aquele mel na pele. Em seguida, comecei a sentir muita dor, e o mais engraçado foi que atraí tantas abelhas, que acabaram me atacando; então tivemos de correr para o chuveiro — É de rir para não chorar!

Atualmente, pela graça de Deus, meu lar tem muita fartura. Entretanto, apesar de minha família se alimentar muito bem, percebo o quanto aquilo que vivi na infância ficou marcado em mim: até hoje não sou muito chegado à carne, biscoitos, iogurte, etc. Por outro lado, gosto muito de banana, a qual costumo comer desde pequeno; gosto tanto, que aprendi a cozinhar um delicioso bolinho com essa fruta — muito elogiado pelas pessoas próximas a mim, inclusive. Acredito que isso se dá porque a banana era algo que nunca faltava em casa, ou talvez por uma tentativa de copiar o meu pai.

Em meio ao caos que vivíamos, havia vizinhos que se tornaram verdadeiros amigos para a nossa família.

De todo modo, minhas refeições hoje se dão por escolha pessoal, pois desfruto de abundância, provida por um Deus que abre portas, envia todos os recursos de que preciso e me faz vitorioso nele. Não bastasse isso, o Senhor me capacita a mudar a realidade de muitas outras famílias além da minha. Somente ele é quem poderia realizar tamanho milagre.

MERCADO SOLIDÁRIO

Nisto conhecemos o que é o amor: Jesus Cristo deu a sua vida por nós, e devemos dar a nossa vida por nossos irmãos. Se alguém tiver recursos materiais e, vendo seu irmão em necessidade, não se compadecer dele, como pode permanecer nele o amor de Deus? Filhinhos, não amemos de palavra nem de boca, mas em ação e em verdade (1João 3.16-18).

Como está escrito, não basta dizermos que amamos alguém, devemos expressar esse amor fazendo o que está a nosso alcance para ajudarmos aqueles que se encontram em necessidade. Tendo isso em vista, a área de ação social da nossa igreja local opera em diversas esferas para beneficiar vidas em situação de vulnerabilidade e injustiça. Todas as nossas frentes de atuação contam com o apoio de voluntários, pessoas que foram transformadas pelo Senhor e, hoje, desejam auxiliar os que também carecem de um encontro com ele.

A fim de atuar de forma mais ampla, criamos a Associação Escolhi Amar, uma instituição sem fins lucrativos, que opera por meio de ações educacionais, beneficentes e assistenciais. Buscamos olhar para as pessoas ao nosso redor que carecem de algo, compadecemo-nos delas e usamos as nossas mãos e pés para estendermos o amor que recebemos de Deus.

Uma outra iniciativa foi o Mercado Solidário, ação que começamos a desenvolver depois que conheci um projeto com esse mesmo nome na Igreja da Cidade, em São José dos Campos, São Paulo. Eu me apaixonei por essa proposta, pois, como passei por uma grande necessidade, principalmente, de alimentos durante a minha infância e adolescência, sei o quão importante é obter ajuda em casos assim.

O Mercado alimenta famílias necessitadas, possibilitando a dignidade e o prazer de pegarem um carrinho e elas mesmas fazerem suas "compras", de acordo com as necessidades e gostos de cada uma. Damos aos pais e mães a oportunidade de oferecerem aos seus filhos tanto os alimentos essenciais quanto aqueles que as crianças desejam, como iogurte e bolacha recheada, por exemplo. Não tive esse privilégio em minha infância, mas sei a importância de criar memórias de sabores especiais; por essa razão desejo proporcionar tal experiência às famílias beneficiadas pelo projeto. Para garantir o seu bom funcionamento, nós criamos inclusive, cédulas fictícias, que chamamos de "dinheiro solidário", a fim de que as famílias possam sentir como se realmente estivessem fazendo compras em um mercado.

Assistimos centenas de lares mensalmente, buscando envolver todos os membros da casa (pais, mães e filhos) nesse processo. Contamos com uma equipe de voluntários que serve em todas as ações do Mercado Solidário, desde a captação de doações nas empresas até a organização de produtos e recebimento dos beneficiados na sede da Associação Escolhi Amar.

NA ASSOCIAÇÃO, AJUDAMOS A DESCOBRIR CAMINHOS PARA A SUPERAÇÃO DE PROBLEMAS ESPECÍFICOS DAS PESSOAS.

Para além dos alimentos e demais produtos oferecidos, nós os recepcionamos com uma mesa de café da manhã e lhes proporcionamos conhecimento, para que, a partir do momento em que tiverem melhora em sua condição financeira, possam ir a um mercado regular da cidade e fazer compras com uma nova perspectiva. Especialmente por ter cursado Economia, compreendo a importância de orientar cada membro de uma família a fazer as escolhas prudentes, conforme as necessidades e prioridades do lar.

Com isso, nossa intenção última é que haja uma reinserção dos participantes do projeto no mercado de trabalho. Primeiro, procuramos entender o motivo de cada um se encontrar em situação de necessidade; depois, nós o ajudamos a descobrir caminhos para a superação de seu problema específico. O projeto também oferece doação de roupas e calçados com a finalidade de contribuir para que essas pessoas tenham condições de voltar a procurar emprego de forma mais elegante.

Podemos dizer, com confiança, que esse programa tem causado um impacto positivo imenso na sociedade, trazendo resgate à dignidade e assistência imediata às urgências de muitas famílias. Recebemos notícias de inúmeras histórias de superação, de muitos que antes não tinham o que comer, ou sequer onde morar, e, hoje, voltaram a trabalhar, têm um lar e alimento à mesa.

Graças a Deus, e para a sua glória, o Mercado tem se tornado referência no país. Representantes de organizações de várias regiões do Brasil têm tido conhecimento acerca do projeto e marcado visitas para averiguar como ele funciona, para então implantar modelos semelhantes em suas instituições.

MÃOS TALENTOSAS

Foi, principalmente, por meio das atividades manuais realizadas pela minha mãe que, durante anos, tivemos sustento em nossa casa. Considerando como esse trabalho foi benéfico para nossa família, desenvolvemos o Projeto Mãos Talentosas, com o intuito de oferecer uma nova possibilidade de vida para mulheres, ensinando-lhes a produzir, com suas mãos, lindas peças de crochê e tricô.

A iniciativa não se restringe a aulas de artesanato; seu maior objetivo é resgatar a autoestima de mulheres, e assim contribuir com a diminuição do nível de depressão decorrente da ociosidade. Trabalhamos para que elas se sintam valorizadas e encorajadas a reescreverem a própria história, assumindo a responsabilidade de mudar o que está ao alcance delas. Além disso, geramos um ambiente de comunidade saudável, onde princípios e valores são ensinados por meio da troca social.

Juntas, as artesãs são incumbidas da organização dos bazares, onde os produtos que elas desenvolvem são vendidos; o lucro desse evento é revertido tanto para o próprio projeto quanto para outros trabalhos da Associação Escolhi Amar.

Entendemos que somos as mãos e pés de Cristo aqui na Terra, portanto, cabe a nós, aqueles que carregam seu amor, manifestá-lo em ações, sejam grandes ou pequenas. O que realizamos através do Mercado Solidário, Mãos Talentosas e demais projetos da Associação Escolhi Amar como um todo são apenas alguns exemplos do que fomos chamados a fazer como imitadores do Mestre. Você, assim como nós, também foi convocado para se alistar nessa missão. Ore e busque em Deus como expandir e manifestar o Reino neste mundo; ele direcionará seus passos e lhe mostrará como ser efetivo para cumprir seu propósito de abençoar os que cruzarem seu caminho.

CAPÍTULO 5

FORA DO TIME

Logo no jardim de infância,
comecei a ter dificuldade
para frequentar a escola.

DIANTE DE TUDO O que eu enfrentava em casa, via-me em constante busca por um lugar de refúgio. A escola até poderia cumprir esse papel, porque aquele ambiente ficava de certa forma afastado da atmosfera de violência doméstica em que eu vivia. Porém, não foi isso o que aconteceu. Na realidade, a única parte boa de estar ali era a hora do lanche, quando, enfim, poderia me alimentar bem.

Logo no jardim de infância, comecei a ter dificuldade para frequentar a escola. Como comentei antes, o único lugar no mundo em que me sentia seguro, até então, era o colo da minha mãe, por isso não conseguia ficar longe dela. Tinha muito medo de não estar sob seus cuidados; temia as crianças, a professora, pensava que qualquer um poderia me machucar quando eu menos esperasse. Então, eu sentia aquela forte dor no estômago e retornava aos seus braços.

No primeiro ano do primário, a situação se agravou. Eu presenciava inúmeras agressões dentro de casa, e isso, de alguma maneira, levava-me a acreditar que eu deveria me esconder de tudo e de todos. Fui me tornando uma criança totalmente isolada, que não gostava de estar perto de ninguém, afinal não sabia me relacionar com as pessoas; por consequência, não fui capaz de desenvolver sequer uma amizade verdadeira na escola.

Alguns até tentavam falar comigo, mas não era possível aprofundar a conversa, porque eu simplesmente não abria a boca. Imagine que alguém se aproxima de você, faz uma pergunta qualquer, puxando papo, e não obtém resposta alguma! Torna-se inviável dialogar dessa forma. Claro que eu não fazia isso por mal; era que o isolamento me parecia a opção mais segura.

Não encontrava outra saída, senão me fechar. O que eu não sabia, porém, era o quanto essa atitude apenas postergava a minha cura. Meu isolamento era uma grande cilada, na qual caía, afundando-me em autocomiseração, amargura e um imenso sentimento de impotência. Com o tempo, percebi que, quanto mais nos afastamos dos outros, mais a nossa alma adoece, abrindo feridas que não cicatrizam facilmente.

Contudo, demorei para me dar conta disso, ainda mais porque o cenário não era muito favorável a encontrar esperança de acolhimento. Embora algumas pessoas tentassem interagir comigo, a maioria me deixava de lado ou até zombava de mim. Na aula de Educação Física, por exemplo, eu não era escolhido por nenhum time; a professora até tentava me inserir no jogo, porém eu tinha muito medo, pois não havia desenvolvido nenhuma habilidade esportiva, o que acabava me fazendo sentir rejeição, já que sabia que os meninos não queriam que eu participasse. No fim, sem saber muito bem como lidar com a situação, ela permitia que eu ficasse sem jogar.

Então, ia para um canto e ficava lá, parado, vendo todos os demais brincarem, enquanto eu mantinha o medo de me relacionar – aquilo era desesperador. Estando ali, fora do jogo, a coisa que eu mais temia era pensar que alguém pudesse estar olhando para mim, ciente de que fiquei de escanteio. Na verdade, em qualquer lugar aonde eu ia, não queria chamar a atenção, pois acreditava que se notassem a minha presença, poderiam falar mal de mim ou tentar me agredir; o melhor seria me fazer invisível, para que nenhum mal me acontecesse.

Fui me tornando uma criança totalmente isolada, não gostava de estar perto de ninguém, afinal não sabia me relacionar com as pessoas.

Foi por isso que o banco da escola se tornou o meu lugar favorito na hora do recreio; sentava-me no cantinho da quadra ou de alguma sala. Permanecia no mesmo local durante todo o intervalo ou aula de Educação Física, repetindo em pensamento: "Tomara que ninguém esteja me vendo. Que todos olhem só para a bola". Era assim que eu procurava me resguardar.

Em alguns momentos, criava coragem e me aproximava de onde estivessem jogando bola, esforçando-me para vencer o medo de interagir com as pessoas; mas, como nunca era chamado para brincar no recreio, ou escolhido nas aulas esportivas, seguia frustrado. O sentimento de rejeição apenas crescia e se enraizava em mim. Os meninos montavam os times e, simplesmente, ignoravam-me. Às vezes, alguns se davam ao trabalho de dizer: "Junior, espere aí, você entra depois". Porém, no fim das contas, eu sempre ficava de fora, o que me doía muito.

Cheguei a pensar que minha exclusão se devia ao fato de eu não ter um uniforme de futebol, por isso fui atrás de conseguir bermuda e camiseta de time, além de uma chuteira – todos emprestados de um vizinho. Naquele dia, fui, todo alegre e empolgado, tentar, mais uma vez, jogar com o pessoal, só que acabei me sentindo mais humilhado que nunca, pois mesmo após o meu esforço para arranjar aquela roupa, não fui escolhido para time algum. Voltei para casa chorando, pois ansiava por aceitação, mas seguia sendo rejeitado vez após vez.

Como não conseguia participar de uma brincadeira sequer, eu mal sabia correr; às vezes participava de alguns exercícios de polichinelo na aula de Educação Física, pois tratava-se de uma atividade que poderia ser feita de modo individual. Mas o que eu realmente desejava era pertencer, poder contar com alguém para me estender as mãos e dizer: "Eu estou do seu lado. Aqui você é importante".

A realidade, contudo, sempre conflitava com as minhas expectativas. Foi por volta do terceiro ano do ensino fundamental, que comecei a sofrer *bullying* na escola, sendo meu primeiro nome uma das coisas de que caçoavam. O fato de ser igual ao do meu pai, Domingos, já me gerava bastante vergonha; eu me sentia um ser problemático como ele, que não tinha nada de bom para oferecer aos demais. Não bastasse isso, os meninos me chamavam de "sábado", "feriado", "terça-feira", qualquer dia da semana, tudo menos "Domingos". E ainda diziam coisas do tipo: "Quem morre no sábado é enterrado no Domingos". Não sabia como me defender, por isso apenas fingia que não estava escutando ou olhava para baixo.

Senti na pele como o *bullying* maltrata e isola uma criança, e sei que há muitos além de mim que passam ou passaram por isso. Não apenas zombavam do meu nome, como também do meu comportamento e abusavam do fato de eu não revidar ou me posicionar contra seus ataques – feriam-me emocional e fisicamente. Batiam-me na cabeça e me chutavam. Atordoado, nervoso e perdido, eu apenas paralisava, sem saber o que fazer. Sentia um pavor inexplicável, chegava a ponto de entrar em pânico e me debulhar em choro.

Foram muitas as vezes em que apanhei no caminho para a escola ou na saída. Então, eu tentava ir embora escondido, burlando os funcionários da secretaria e o guarda do colégio. Quando eles me bloqueavam, impedindo minha ida antecipada, eu esperava até que todos tivessem saído e fazia um trajeto alternativo rumo à minha casa, longe da área de maior circulação de alunos. Tive de fazer isso inúmeras vezes, e hoje questiono: quantas vezes o medo nos leva a "mudar de caminho"? Para mim, era mais fácil desviar a rota do que enfrentar os gigantes da minha vida.

Acontece que, mesmo assim, em diversas ocasiões, eles conseguiam me pegar e não pensavam duas vezes antes de me transformarem em um saco de pancadas. Como eu não apresentava nenhuma forma de defesa, meus agressores aumentavam a dose dos insultos, socos e chutes, pegavam-me pela orelha e estapeavam meu rosto.

Por conta de tudo isso, a escola se tornou sinônimo de terror para mim.

Pavor.
Injustiça.
Falta de perspectiva.
Era ferido tanto por fora quanto por dentro.
Ridicularizavam-me na frente de todos os alunos.

Lembro-me de um dia em que, quando acabou a aula e tocou o sinal de saída, eu segui pelo portão principal, com centenas de alunos de todo o colégio; do meio da multidão, um menino me bateu nas costas com uma mochila e eu caí. Quando viram a cena, muitos deram risada, e alguns, ao me verem no chão, começaram a me chutar. Eu não tinha forças para me levantar, e o pessoal continuava rindo.

Não tenho dúvidas de que esse episódio, somado a tudo o mais que sofria entre os meninos, motivou-me a abandonar a escola. Quando tinha mais ou menos treze anos de idade e cursava a sétima série, parei de estudar, pois simplesmente não conseguia mais frequentar aquele ambiente. Cheguei ao fundo do poço e pedi a morte. Eu me trancava no quarto e dizia para mim mesmo: "Por que eu nasci? Por que vivo nesta casa? Por que alguns amigos meus têm um pai bom e eu não?".

Conforme crescia, via a necessidade de me desvencilhar do colo da minha mãe, porém não conhecia nenhum outro lugar seguro e, portanto, não queria romper o cordão umbilical. Eu sabia que não poderia ficar com ela o dia todo, pois a necessidade de trabalhar havia caído sobre seus ombros; enquanto isso, eu tinha de ir ao colégio e encarar o mundo, porém acabava me sentindo como se estivesse sendo jogado no mar sem saber nadar.

O tempo passou e cheguei à adolescência sem o menor nível de amadurecimento emocional. Eu continuava incapaz de lidar com a convivência na escola e os maus-tratos; assim, quando decidi sair de lá, mantinha-me apenas fechado dentro de casa, sem vontade de viver.

É claro que em casa a situação não era muito melhor que o ambiente escolar; minha mãe e a Cris apanhavam constantemente. Já eu, nessas alturas, conseguia me livrar, pois saía correndo para escapar das tentativas de pancadas do meu pai. Era comum dormirmos fora, na casa de vizinhos, para evitar sofrer as violências. Eu me sentia extremamente impotente e frustrado por não ser capaz de proteger minha família. Assim, seguia acumulando traumas.

Ao longo de toda a minha infância e pré-adolescência, eu não tinha prazer algum em viver, andava angustiado e desesperado o tempo todo, com a sensação de estar em um avião sem piloto, ou até mesmo em uma lancha desgovernada navegando sobre ondas gigantescas em meio à tempestade. Em determinado momento, desejei que o "avião caísse" ou que a "lancha afundasse"; sim, queria que a minha vida acabasse.

Esses pensamentos predominaram na minha mente, especialmente na época em que havia ultrapassado o meu limite e abandonado o colégio. Permaneci sem estudar por cerca de um ano, pois, embora fosse um bom aluno, muitas vezes era paralisado pelo medo, o que não afetava somente a minha relação com os colegas como também o meu aprendizado. Amedrontado, quando não entendia algum

> *Senti na pele como o* bullying *maltrata e isola uma criança, e sei que há muitos além de mim que passam ou passaram por isso.*

ERA COMUM
DORMIRMOS FORA,
NA CASA DE VIZINHOS,
PARA EVITAR SOFRER
AS VIOLÊNCIAS.

EU ME SENTIA
EXTREMAMENTE
IMPOTENTE E FRUSTRADO
POR NÃO SER CAPAZ
DE PROTEGER A
MINHA FAMÍLIA.

conteúdo explicado em aula, não conseguia sequer levantar a mão para esclarecer minhas dúvidas com a professora. Fora isso, todo o nervosismo que sofria nesse processo me causava aquela dor na barriga. Não era à toa que eu queria faltar às aulas todos os dias; mas como a minha mãe me ensinava a importância de ir à escola, eu continuava insistindo, até realmente não aguentar mais.

Após um ano sem estudar, ela me matriculou em outra escola. Graças a Deus, comecei a desfrutar de um ambiente melhor. Apesar de ainda sofrer algum tipo de rejeição, eu aprendi a reagir. Isso se deu ao mesmo tempo em que comecei a ir à igreja, e passei a apresentar alguma melhora. Ainda que continuasse enfrentando os mesmos problemas em casa, conseguia buscar forças em Deus para me posicionar de forma diferente.

> *Lembro-me de um dia em que [...] um menino me bateu nas costas com uma mochila e eu caí. Quando viram a cena, muitos deram risada.*

Por um bom tempo, permiti que as circunstâncias adversas determinassem a minha realidade, que a rejeição ditasse quem eu era e, consequentemente, minha postura em todo e qualquer ambiente; sentia-me sempre fraco, incapaz, limitado. Não conseguia perceber que havia potencial em mim, pois dava ouvidos apenas ao que me limitava e me paralisava, de modo que vivia angustiado.

É impressionante como experiências negativas podem criar raízes de amargura em nosso coração, enfraquecer-nos e nos impedir de ver algo além de escassez, orfandade e desesperança na vida. Exames neurológicos mostram que a experiência da rejeição desperta no cérebro as mesmas áreas que são ativadas ao sofrermos uma dor física.[1] Ao sermos desprezados,

[1] Dor da rejeição e dor física ativam mesma região do cérebro, diz estudo... - Veja mais em: https://www.uol.com.br/tilt/ultimas-noticias/redacao/2011/03/29/dor-da-rejeicao--e-dor-fisica-ativam-mesma-regiao-do-cerebro-diz-estudo.htm?cmpid=copiaecola. Acesso em: 4 de fevereiro de 2023.

experimentamos muitas emoções intensas que afetam o nosso humor e comportamento, podendo, inclusive, causar impactos até em nosso corpo, como no meu caso, que apresentava aquela dor estomacal.

Contudo, é possível sermos livres de todas as angústias e limitações que a rejeição gera em nós. Por meio do sangue Cristo, vertido na Cruz, somos perdoados e reconectados ao Pai, nele nos tornamos filhos amados do Rei, herdeiros de Deus e coerdeiros com Jesus (cf. Romanos 8.17). Por mais que, assim como eu, você tenha carregado traumas e inseguranças por muitos anos, saiba que em Jesus há liberdade.

Aprendi que não podemos mudar o nosso passado, mas podemos, sim, nos posicionar no presente e nos abrirmos para a cura de Deus hoje, permitindo que Ele transforme o nosso futuro e redirecione o rumo da nossa história.

Por isso, após ser restaurado pelo Senhor, dediquei-me a ajudar crianças, adolescentes e jovens que cresceram com a dor da rejeição a encontrarem um lugar de acolhimento e aceitação. Uma das ferramentas que utilizo para isso é o esporte; justamente aquilo que evidenciava a minha exclusão foi ressignificado, tornando-se um meio de cura para muitas vidas.

Primeiro, encontrei aceitação em Deus Pai. Fui descobrindo, durante os anos em que passei pelo processo de cura interior, que sou escolhido e infinitamente amado, que pertenço à família divina, e ele sempre reserva um lugar para mim em seu time. A partir dalí, aprendi a acolher cada vez mais pessoas, ensinando-as a fazerem o mesmo: terem um encontro transformador com Deus e transbordarem seu amor aos outros. Joguei fora minha mentalidade limitante e deixei de ser paralisado por traumas do passado; entendi que, com Deus, posso ir cada vez mais longe, voar alto e sonhar com o impossível.

De um menino ferido, fechado para o mundo, eu me tornei um líder que ama e investe em inclusão social por meio do esporte e de diversas outras frentes. Consigo olhar para as pessoas e perceber que há um potencial que se encontra, muitas vezes, como uma pedra preciosa em estado bruto, precisa ser lapidada para que sejam capazes de cumprir os propósitos que o Senhor sonhou para a vida delas. Oro e trabalho para que todos, mesmo quem cresceu em meio ao completo caos e não recebeu amor de seus pais, descubram-se como pessoas de valor, capazes de amar, serem amadas e irem além do que jamais imaginaram, para a glória de Deus.

REVIVER ESPORTES

O projeto Reviver Esportes teve início em setembro de 2011, e seu objetivo é fomentar encontros com Jesus por meio de atividades que proporcionam qualidade de vida e saúde às pessoas, tanto na área física quanto mental e espiritual. Sua missão é mostrar a importância de cuidar do próprio corpo, promover um ambiente de acolhimento e aceitação por intermédio do esporte e gerar oportunidades de pregar o Evangelho.

Em nossos treinos e jogos, ensinamos princípios bíblicos aplicáveis ao dia a dia dos participantes. Acreditamos que todo ser humano deve buscar um relacionamento com Deus, por isso sempre separamos um momento para incentivá-los a isso: primeiro, trazemos uma palavra, então oramos e lemos um versículo bíblico juntos.

Disponibilizamos aulas de jiu-jítsu, *skate*, dança e ciclismo; dessa maneira, mostramos a importância do desenvolvimento do autocontrole e do equilíbrio emocional na prática, enquanto se exercitam. Além do mais, esse projeto visa a inclusão social, convivência harmônica, recuperação da autoestima e o ensino da determinação, disciplina, concentração e proatividade.

No projeto, não permitimos a discriminação ou inferiorização de ninguém; todos são incluídos e sentem-se parte de um grupo. Não priorizamos o nível de conhecimento técnico de cada um, mas a sua vontade de aprender e integrar um time. Usamos os esportes como ferramentas para aproximar as pessoas umas das outras e levá-las a Jesus; é sempre uma alegria imensa ver aqueles que começam a participar de alguma modalidade esportiva e logo se integram a uma igreja.

LAR DO ADOLESCENTE

Como já contávamos com um projeto voltado a crianças de zero a doze anos, comecei a indagar-me a respeito de onde os adolescentes da cidade seriam acolhidos após essa faixa etária caso permanecessem afastados de suas famílias de origem e ainda não tivessem sido adotados.

Testemunho de Ricardo, ex-aluno e membro da Igreja Reviver

*"**M**inha adolescência não foi fácil. Em meio aos desafios que enfrentava, acabei experimentando maconha quando ainda era bem novo. Ao completar dezoito anos, envolvi-me com outros tipos de drogas e comecei a ingerir bebidas alcoólicas também. Com vinte e dois anos, conheci o crack e me tornei dependente. Fui internado três vezes, a fim de me livrar do vício, e consegui ficar limpo por um tempo, mas isso não durou muito.*

Em março de 2013, conheci o professor de jiu-jítsu do Reviver Esportes, que me convidou a frequentar suas aulas no projeto. Eu gostava bastante desse esporte e achei que ele poderia servir como um escape para mim. Por isso, mesmo usando drogas, ia aos treinos.

A palavra ministrada no fim de cada aula me impactava muito, tanto que, certo dia, comecei a clamar a Deus, dizendo que não queria mais aquela vida de vício para mim. Fui superando esse desafio um dia de cada vez, até que, finalmente, tornei-me livre das drogas; entreguei minha vida a Jesus e fui batizado nas águas. Depois disso, tornei-me professor no projeto. Hoje sou casado, tenho dois filhos e coopero para que outras vidas sejam transformadas assim como a minha."

Minha esposa, Michelle, disse que havia apenas um abrigo de adolescentes na cidade, e o que viviam ali não era muito diferente de suas casas anteriores.

Fui conhecer o local pessoalmente e, ali, pude ver o filme da minha infância e adolescência diante de mim: uma casa toda quebrada, jovens frustrados e sem perspectiva de futuro. Indignado com aquilo, saí de lá decidido a assumir a direção do abrigo; assim, da mesma maneira que fiz com o Lar da Criança Feliz, fui até a prefeitura e me dispus a coordenar a iniciativa. Para a glória de Deus, a minha proposta foi aceita de imediato.

Transferimos o projeto para uma linda casa, a qual alugamos com o objetivo de oferecer uma referência saudável aos adolescentes, que, hoje, a chamam de lar. As instalações são realmente muito boas, com direito a piscina e uma vista privilegiada de toda a cidade. É nesse ambiente que eles realizam cursos profissionalizantes, oferecidos por meio de parcerias, e assim são inseridos no programa Jovem Aprendiz, por meio do qual podem ingressar no primeiro emprego.

Eu compreendo exatamente o que a maioria dos acolhidos viveu e o que costuma sentir. Sei como tantas vezes não conseguem ter uma perspectiva de futuro, tornando-se apáticos, inseguros e até depressivos. Há uma dor latente causada pela negligência dos pais, violência doméstica, diversos tipos de abuso, entre outras coisas. O nosso trabalho é para que eles sejam curados e restaurados, de modo que não acabem recorrendo aos vícios, prostituição, ou à marginalidade.

Embora haja muito esforço da nossa parte em promover a adoção tardia, sabemos que infelizmente boa parcela dos adolescentes serão acolhidos somente ali no Lar; não à toa proporcionamos toda a aceitação e proteção que podemos, além de os direcionarmos ao Deus Pai, aquele que é capaz de suprir por completo as necessidades de cada um. No que cabe a nós, procuramos nos dedicar para que desenvolvam autoestima saudável e se tornem cidadãos de bem, que carregam a esperança de um futuro melhor.

Testemunho de Emily (nome fictício), ex-acolhida

*"**M**inha família era totalmente destruída. Com uma mãe usuária de drogas, fui morar com uma tia e depois com outra. Porém, não me sentia totalmente confortável na casa de nenhuma delas, então pedi para voltar a residir com minha mãe; só que isso também não deu muito certo e eu acabei no abrigo da cidade aos meus doze anos. Ali, meus problemas sentimentais só se agravaram; eu fugia com namorados e me envolvida em diversas confusões. Em determinado momento, a situação da minha vida me pareceu insustentável e eu tentei suicídio, o que felizmente não foi bem-sucedido.*

Tudo mudou quando fui acolhida no Lar do Adolescente. Lá, ofereceram-me amor, atenção, cuidado e proteção; instruíram-me sobre valores e princípios que não havia na minha antiga casa. Fui transformada de forma tão radical, que isso também impactou a minha mãe. Agora ela não usa mais drogas e é cuidada pela minha irmã.

Com dezessete anos, eu conheci o Antônio (nome fictício), que se tornou meu marido. Ao seu lado, pude começar a realização do meu sonho de construir a minha família; hoje, somos casados e temos uma filha".

CAPÍTULO 6
UMA NOVA HISTÓRIA

Logo fui impactado pela atmosfera envolvente que havia naquele lugar.

Em espírito, em verdade
Te adoramos, te adoramos

Rei dos reis e Senhor,
Te entregamos nosso viver

Pra te adorar, oh, Rei dos reis
Foi que eu nasci, oh, Rei Jesus
Meu prazer é te louvar
Meu prazer é estar
Nos átrios do Senhor
Meu prazer é viver na casa de Deus
Onde flui o amor.[1]

QUANDO ENTREI EM UMA igreja evangélica pela primeira vez, a equipe de louvor e adoração estava cantando essa canção, e logo fui impactado pela atmosfera envolvente que havia naquele lugar. Na época, eu não sabia, mas depois descobri que se tratava da presença do Espírito Santo.

Tudo começou com o convite de uma vizinha para ir à igreja com ela. Eu tinha treze anos de idade e me via completamente desesperado, sem vontade de viver; sabia que não conseguiria sair daquela condição sozinho. Até aquela ocasião, nunca tinha ouvido falar de igreja evangélica, não sabia sequer que realizavam reuniões daquele tipo, porém decidi aceitar o gentil convite que a dona Irene havia feito. Mal sabia ela que isso mudaria minha vida para sempre.

Entrei em casa e fui falar com a minha mãe, a fim de lhe pedir permissão para acompanhar nossa vizinha à igreja. Ela me autorizou. Quando cheguei no edifício e me deparei com aquela atmosfera de adoração, fui impactado de tal forma, que o vazio em meu coração começou a ser preenchido com alegria; eu me senti muito bem ali e decidi voltar outras vezes. Cheguei até a dizer em casa:

— Mãe, encontrei uma saída para a situação da nossa família!

Falava isso com fé, pois, ao conhecer Jesus, passei a ter esperança, a crer no impossível, e, assim, obtive convicção de que havia uma

[1] Harpa cristã, hino 647.

resolução possível para tudo o que nos afligia: eu, a Cris, a Kátia a Michele, minha mãe e meu pai. Comecei a acreditar que, de fato, nossa família poderia ser restaurada, não pela nossa própria força, mas pelo poder de Deus Pai.

A presença de Deus naquele lugar foi tão tocante, que aceitei Jesus como Senhor e Salvador da minha vida alguns cultos mais tarde e passei a frequentar a igreja assiduamente. Nos dois primeiros meses, fui com a dona Irene; depois comecei a ir sozinho a pé. Não importava como me deslocaria, eu fazia questão de estar em todos os encontros disponíveis: sexta, sábado e domingo – se fosse possível, iria diariamente. Fiquei envolvido de tal forma, que consegui até me desprender um pouco da minha mãe.

A presença de Deus naquele lugar foi tão tocante, que aceitei Jesus como Senhor e Salvador da minha vida alguns cultos mais tarde.

Durante um ano inteiro, eu era a única pessoa da minha casa a participar dos cultos; minha família estava ciente de que eu frequentava a igreja, mas ninguém me acompanhava. Sabendo o quão transformador era o amor de Cristo, mantinha cada membro da família em mente e orava por eles, pois desejava que também recebessem o renovo e a esperança que eu havia encontrado em Deus. Pensava bastante na Cris, por exemplo, porque, como era ela quem mais passava tempo em casa, apanhava constantemente do meu pai. Quando ele agarrava o seu cabelo comprido, só um policial era capaz de separá-los.

Eu tinha plena consciência de suas dificuldades, contudo não era capaz de oferecer o escape de que ela necessitava; somente Deus poderia fazer isso. Entendi que meu papel era lhe apontar Jesus e permanecer firme em seus caminhos.

Portanto, seguia indo para a igreja. As coisas fluíam muito bem, até que, em determinado momento, comecei a apanhar de alguns meninos ao longo do trajeto. Eu residia em um bairro de Itajaí e a igreja ficava em outro, sendo que a ligação entre ambos se dava por uma ponte, pois havia um rio separando os bairros vizinhos. Era ali naquela ponte que muitas vezes esses garotos partiam para cima de mim e me agrediam, não importava quão discretamente eu andasse. Mas isso não me impediu de continuar indo à igreja, porque eu finalmente havia encontrado um lugar onde era aceito.

Decidi, então, procurar outro trajeto para chegar até lá. Descobri, por fim, uma nova rota que me desviaria do local onde eu era agredido, porém esse caminho era três vezes mais longo do que ir pela ponte. Felizmente, consegui uma bicicleta velha depois de um tempo, mas seguia com certa dificuldade, já que a corrente caía pelo menos três vezes na ida e cinco vezes na volta. Por isso, eu acabava chegando sempre sujo à igreja.

Antes que alguém me visse e tivesse uma má impressão a meu respeito, eu corria ao banheiro para limpar as partes do meu corpo que tivessem esbarrado no chão ou na corrente suja de graxa. Embora já estivesse em meio a um processo de cura, continuei carregando certos traumas por um período, portanto tinha medo de ser rejeitado ali também.

Eu desejava alguma coisa que de fato pudesse mudar o rumo da minha vida e me ajudasse a superar tudo quanto já havia enfrentado no passado e o que ainda sofria em casa. Então, à medida que ia para a igreja e me aprofundava em conhecer a Deus, descobri sua paternidade. Entendi que pertenço à família do Pai Celestial, como a Palavra afirma em Efésios 2.19, e que era possível desfrutar de uma nova vida. Por fim, poderia contar com um Pai bom para cuidar de mim, aceitar-me, acolher e direcionar.

Depois de um ano na igreja, com meus quatorze anos de idade, tomei uma das melhores decisões da minha vida: ser batizado. Eu estava convicto em descer às águas, pois tudo o que queria era fazer a vontade do Pai e me aproximar ainda mais dele. Lembro-me muito bem de que convidei meus familiares para presenciarem aquele momento, pois eu sabia que seria um divisor de águas em minha história. Eles até prometeram ir, mas, no dia, ninguém apareceu.

Eu acordei cedo, arrumei-me, peguei minha bicicleta e fui à igreja pelo novo caminho, evitando aquela ponte. Era um longo trajeto, só que nada iria me parar, pois a convicção em meu coração e a experiência que eu estava vivendo com Deus Pai eram muito mais fortes que qualquer ameaça.

Quando cheguei à igreja, corri ao banheiro e lavei as mãos, limpei toda a graxa, coloquei a vestimenta de batismo e fui para o culto, que já havia começado. Olhei para os lados e não encontrei ninguém que eu conhecia, pois, mesmo frequentando a igreja há um ano, não me relacionava com as pessoas devido à minha timidez – apenas com Deus.

Na minha vez, meu coração se encheu de alegria, estava convicto de que eu me tornaria um novo homem, uma nova estação se iniciava em minha vida. Por mais que não tivesse nenhum outro familiar ali comigo, o principal estava: **Deus, o Pai, aquele que me aceitou e me amou como eu era!**

A casa de Deus passou a ser como um lar para mim. Lá, ele me proporcionou a paz e o amor de que eu tanto necessitava. Ele realizou um milagre, tornando-me uma Nova Criação em Cristo (cf. 2 Coríntios 5.17); pude vencer meus traumas e medos, além de ter minha identidade e meus sonhos restaurados. Sei que, por conta própria, não seria capaz de ser transformado, mas em Jesus era possível tornar-me uma pessoa de bem, um homem amoroso, com o caráter tratado, cheio do Espírito Santo, que cuidaria dos outros como eu gostaria que fizessem comigo. Nele, encontraria de fato uma nova vida, a qual somente Deus, o meu Pai, poderia me conceder.

Naquela época, o Anísio — que é meu amigo até hoje, e tornou-se pastor também — era líder de jovens da igreja que eu frequentava. Ele se lembra de quando eu chegava aos sábados para a reunião da juventude bem em cima da hora de começar o culto e ia embora assim que terminava. Para mim, era muito custoso ficar por ali conversando com as pessoas, pois ainda tinha dificuldades de me relacionar. Contudo, a partir do momento em que o Senhor iniciou o processo de restauração em minha vida e fui me descobrindo como um filho amado de Deus, deixei de me pautar pelas circunstâncias. Passei a viver cada vez mais de acordo com quem eu realmente sou.

Uma parte importante desse processo se deu quando comecei a servir no ministério de jovens por um convite do Anísio, meu líder. Até então, tudo que eu fazia na igreja era atuar em alguns teatros que se davam em forma de mímica, pois eu ainda não conseguia me comunicar muito bem; falava pouquíssimas palavras. Nessa época, eu já estava na igreja há cerca de seis anos; e dentro de mim havia muitos sonhos, um deles era ser pastor. A cada gesto expressado naqueles teatros era como se eu estivesse avançando rumo à realização desse meu sonho. Quem via, poderia pensar que era algo simples, mas certamente Deus Pai já estava me preparando para grandes conquistas, pois pouco a pouco as coisas iam mudando.

A princípio, o Anísio me pediu para ajudá-lo como tesoureiro do grupo, afinal ele sabia que eu ainda não conseguia interagir muito bem com as pessoas – o que não seria necessário para realizar essa função. Esse foi o jeito que ele encontrou para que eu participasse mais das atividades ministeriais. De modo geral, eu só teria de tratar com ele, e isso me tranquilizava.

Embora o convite me assustasse um pouco, aceitei o desafio, pois eu entendia que estava em processo de aprendizado e crescimento. Segundo ele, eu era bastante detalhista e eficiente, fazia sempre tudo o que me era solicitado, e além. Fora isso, desenvolvia formas de tornar a área mais dinâmica e organizada, criando planilhas e trazendo ideias para promover uma melhor gestão financeira para o grupo. Também desenvolvíamos projetos para custear a participação dos jovens que não tinham boas condições financeiras nos eventos da igreja, como acampamentos, por exemplo.

Com o passar do tempo, servindo no ministério, fui aprofundando meu relacionamento com Deus e, consequentemente, amadurecendo. Em decorrência disso, comecei a assumir novas funções, que meu líder me delegava conforme notava meu desenvolvimento. Às vezes, ia à frente de todos para fazer um anúncio, dar determinado aviso ou trazer uma breve reflexão da Palavra, o que me deixava radiante; para mim aquilo era o ápice, afinal passei anos com medo de ser visto. Porém, a cada dia, Deus Pai soprava suas verdades a meu respeito, e, assim, eu conseguia reconhecer o meu valor.

Eu desejava alguma coisa que de fato pudesse mudar o rumo da minha vida e me ajudasse a superar tudo.

Nessa época, eu me lembrava muito do que Deus havia falado comigo no dia em que me entreguei totalmente a ele, naquele altar, com meus treze anos de idade. Recordo-me, como se fosse hoje, de sua voz me afirmando quem eu era, quem eu

PASSEI ANOS COM
MEDO DE SER VISTO.
PORÉM, A CADA DIA,
DEUS PAI SOPRAVA

SUAS VERDADES A MEU RESPEITO, E, ASSIM, EU CONSEGUIA RECONHECER O MEU VALOR.

não era e quem me tornaria. Aquilo pulsava dentro de mim, pois sabia que estava me transformando, cada vez mais, para ser conforme suas palavras acerca de mim. Aos poucos, aprendia a liderar e me via como o líder que o Pai afirmava que eu era.

Depois de aproximadamente três anos, quando já me encarregava de várias tarefas, o Anísio conversou comigo e disse que estava pensando em me colocar em seu lugar como líder do grupo de jovens. Afirmou que eu era capaz de desempenhar essa incumbência, pois via em mim um grande potencial, que estava prestes a ser desenvolvido e revelado. Em seguida, levou essa ideia ao nosso pastor, que a princípio esboçou certa preocupação pelo fato de eu ser introvertido e muito novo; ainda assim, ele aceitou a proposta e me colocou na posição de liderança do grupo.

Na minha vez, meu coração se encheu de alegria, estava convicto de que eu me tornaria um novo homem.

No início, não foi fácil, mas fui progredindo com o tempo e aprendendo a lidar com cada obstáculo. Algumas pessoas, inclusive, não acreditavam que eu estivesse pronto para o novo cargo. Lembro que, logo em meu primeiro retiro como líder, preparei-me por mais de uma semana para ministrar a Palavra. Levantava-me nas madrugadas para buscar a presença de Deus, ia para a sala da minha casa bem devagar para não fazer barulho, pois a casa era de madeira. Ali, eu me derramava na presença do meu Pai por horas e horas, agradecendo-lhe por tudo que havia feito até então e pedia que Ele me capacitasse para o que estava me chamando a cumprir.

Além disso, jejuei, busquei conselhos. Mesmo com tantos bloqueadores, eu tinha decidido apenas ouvir a voz de Deus, pois ele me dizia que estava comigo e eu não ficaria sozinho. Mãos trêmulas, boca seca e uma sensação de impotência, mas uma certeza: Deus iria comigo! E então lá estava eu, ministrando pela primeira vez para centenas de pessoas. Após finalizar a mensagem, eu me senti muito bem e feliz, pois eu havia superado os meus medos e realizava um grande sonho: pregar a palavra de Deus.

Minutos depois, um jovem que fazia parte do nosso grupo me abordou dizendo que eu não era capaz de liderar aquela turma; afirmava que a tarefa estava acima da minha capacidade. Ele tinha apoiadores consigo, os quais também não me aceitavam em tal posição; pensavam que o meu pastor tinha se equivocado ao designar-me para essa responsabilidade. Por um instante, isso me entristeceu, e muitas mentiras começaram a ser sopradas em meus ouvidos, como: "Você não consegue!", "Você não é capaz!", "Você não tem competência para cumprir essa função!".

Enfrentar tudo isso foi um verdadeiro choque para mim, um baque. Naquele momento, eu até pensei em desistir; o sentimento de rejeição que carreguei por tantos anos tentava me assolar novamente. Recordo-me que fui para o meu quarto, lá no acampamento, e chorei muito sem que ninguém visse. Estava desolado, pois havia me dedicado com bastante vigor para ministrar a palavra, mas a sensação que tinha naquele instante era a de que tudo quanto deixei no passado retornara para me assombrar. Contudo, também me lembrei do que construí com o Pai; tinha convicção de que não estava mais sozinho. Eu já havia encontrado a esperança e tido uma experiência que me fez mudar e viver uma nova realidade. Agora sabia a quem recorrer em minha angústia: ao meu Pai.

Você consegue imaginar o menino que tinha medo dos colegas na escola subindo a uma plataforma para falar diante de vários jovens? Deus operou um milagre em minha vida, uma completa transformação!

Por mais que minhas dores tivessem tentado me paralisar novamente, e quisessem me fazer crer que eu era insignificante e não tinha nada a oferecer aos outros, todas essas mentiras caíram por terra quando Deus me falou o que era verdade a meu respeito. Segui em frente, confiante em sua graça, e, à medida que eu dirigia aquele grupo, evoluía em maturidade emocional e espiritual, era mais profundamente curado dos meus traumas e superava as dores que havia sofrido. E além do mais, por mais que alguns me criticassem, havia pessoas me encorajando. Lembre-se: em meios às suas dores, Deus sempre enviará alguém para consolar animar você a prosseguir!

O Senhor foi tão bom comigo, que fez o ministério ser bem-sucedido sob minha liderança. Crescemos em qualidade e quantidade, pois muitos jovens tiveram encontros transformadores com Deus. Por incrível que pareça, o rapaz que havia me desencorajado, passou a reconhecer a unção que o Senhor depositou sobre mim. Tanto é verdade, que, quando minha temporada na direção daquele grupo se encerrou, quase dois anos depois, no dia de me despedir, ele me presenteou com um pergaminho no qual eram mencionadas várias qualidades de um líder, e ainda me disse:

— Por mim, você seria o meu líder pelo resto da vida!

É incrível como o Senhor transforma as situações, fazendo com que aquilo que parecia não ter saída se converta em um belo testemunho de seu poder em ação. Isso passou a ser cada vez mais recorrente em minha vida, que, pela graça de Deus, avançava consideravelmente. Eu me alegrava muito por tudo o que o Pai estava realizando no grupo de jovens que eu liderava; mas, em determinado momento, tive a convicção de que ele me chamava para algo ainda maior. Portanto, empenhei-me em me preparar para essa nova fase.

Até então, eu cursava o sétimo semestre de Economia. Faltando bem pouco para a finalização do curso, em 2005, resolvi trancar a faculdade para iniciar as aulas no Seminário de Teologia da igreja em que eu fazia parte. Dois anos depois, ao concluir o seminário e ser ungido pastor, eu e Michelle fomos pastorear uma igreja da denominação que congregávamos na época, a qual estava localizada em Presidente Prudente. Permanecemos nessa missão por cerca de cinco meses e retornamos para Itajaí, onde lideramos a juventude de nossa igreja, mas em tempo parcial, pois ambos tivemos de voltar ao mercado de trabalho também.

Em Itajaí, iniciei a minha graduação em Teologia por uma faculdade reconhecida pelo MEC. Em seguida, realizei uma pós-graduação em Teologia Bíblica, que foi concluída no ano de 2011. Tudo quanto fazia, desde o momento em que entreguei minha vida ao Senhor, era em prol do seu chamado para mim: transformar a realidade de muitas vidas.

Eu sentia Deus me chamar ao ministério em tempo integral; ele me dava uma nova direção, a qual prontamente aceitei e não quis perder nem mais um dia realizando outros planos.

Em 2010, eu havia recebido uma proposta de promoção no emprego, porém decidi negá-la e pedir a rescisão na empresa para viver integralmente como pastor. Entenda: quando Deus fala e direciona, apenas obedeça. Ele sabe o que é melhor para nós.

A cada passo em direção ao que Deus me mostrava, eu me dava conta de que havia coisas maiores adiante para se concretizarem; mais vidas a serem impactadas pelo seu amor. Por isso, eu teria de romper com os limites que me cercavam, crer incansavelmente no que ele dizia a meu respeito e nos seus planos para mim; teria também de desenvolver ainda mais compaixão pelas pessoas.

Esse processo com o Pai me levou a uma das maiores decisões da minha história: a implantação de uma igreja em Itajaí.

Deus falava forte ao meu coração sobre um plano que ele realizaria por meio da minha vida. No instante em que tive uma confirmação do Senhor acerca disso, obedeci prontamente e, desse modo, nasceu a Reviver, ao lado de vários projetos sociais.

Eu já havia encontrado a esperança e tido uma experiência que me fez mudar e viver uma nova realidade.

Estabelecemos a Igreja Reviver na cidade de Itajaí em abril de 2010, época em que servi de tempo integral à igreja, envolvendo-me também na formação de líderes dentro da visão que Deus havia me dado. O Reino de Deus estava sendo expandido para a sua honra e glória!

Assim como o Senhor iniciou um processo de transformação em mim, levando-me a abandonar o desânimo e as frustrações, a superar meus traumas e finalmente descobrir a alegria que existe em sua presença, usou-me para direcionar outros a também terem um encontro com ele, e conhecerem uma nova realidade de vida. Posso afirmar que, desde quando Jesus passou a fazer parte da minha caminhada, tudo se fez novo; ele me restaurou por completo.

De filho do cachaceiro a pastor.

Do banco da escola a autor.

De órfão a pai de muitos.

O Senhor me tirou de um cativeiro e me trouxe para sua maravilhosa luz!

E ele tem prazer em fazer o mesmo com todos aqueles que lhe concedem permissão para isso.

Não se trata de aceitar uma religião, mas de ter um relacionamento com alguém que, além de conhecer sua história, é capaz de transformá-la. Desde os meus treze anos, quando tomei a decisão de entregar a vida para Cristo, dedico meus dias a cumprir seus propósitos para mim.

Eu desejava viver algo novo, e isso tem acontecido! Não foram poucas as dificuldades pelas quais passei com a minha família na infância e adolescência. Era improvável que eu tivesse um futuro bem-sucedido; na verdade, humanamente falando, eu tinha tudo para dar errado: filho de um alcoólatra, vindo de um lar disfuncional, cheio de traumas e inseguranças. Cheguei a ponto de não poder mais ouvir falar em polícia, devido à quantidade de vezes que viaturas paravam na frente da nossa casa para apartar brigas. Nossa família era conhecida por toda a vizinhança, e não de forma positiva. Contudo, esse menino — de quem se esperaria um futuro fracassado e problemático — tornou-se um filho precioso, amado e aceito por Deus Pai, que sempre o amou.

Convencido de todas as maravilhas que Deus havia operado em minha vida, posicionei-me firmemente para não permitir que nada paralisasse a obra que ele confiara em minhas mãos. Após a implantação da igreja e execução do primeiro projeto de ação social, não me deixei levar por palavras negativas. Como Davi, enfrentei o desafio de derrubar gigantes diante de mim e vencê-los. Passo a passo, operava cada projeto que o Senhor colocava em meu coração, um por vez, junto à equipe maravilhosa que ele me proporcionou. Para a sua glória, pude ver todas essas iniciativas se desenvolverem e impactarem inúmeras vidas.

Posso afirmar que, desde quando Jesus passou a fazer parte da minha caminhada, tudo se fez novo.

Luto por tudo isso, pois entendo que a Igreja existe para cooperar na obra do Senhor, aquele que traz restauração e vida plena às pessoas. Nele é possível encontrar esperança, seja qual for a circunstância. Cabe a nós, Corpo de Cristo (cf. Colossenses 1.18), sermos os pés e as mãos do nosso Mestre aqui na Terra, expressando seu coração bondoso e amoroso para quem nos cerca. Foi nesse sentido que desenvolvemos projetos sociais que servem à comunidade local de Itajaí ; além de disponibilizarmos atendimentos pastorais e psicológicos. Buscamos sempre fazer o que está a nosso alcance para dar suporte àqueles que se encontram em situação de risco ou algum tipo de vulnerabilidade, como eu mesmo estive antes.

Do mesmo modo como eu e minha família necessitávamos de alguém que nos estendesse a mão, existe uma significativa parcela da sociedade que carece de ajuda. E é possível prover o auxílio que pode ser determinante para o processo de restauração e cura de muitos. Portanto, vejo-me na incumbência de tirar proveito do meu passado, por mais doloroso que tenha sido, e direcioná-lo a um presente e um futuro cheios de esperança, não somente para a mim e minha própria família, como também para todos que carecem de um encontro com o Pai e ainda não conseguem ver uma saída para sua condição.

Nós, como igreja, queremos e decidimos apontar para a solução efetiva, mostrando a verdade àqueles que estão à nossa volta. Deus transformou a minha vida e pode fazer o mesmo com a sua; ele é capaz de realizar o que parece impossível à mente humana. Por isso, abra seu coração e entregue sua vida por completo ao Senhor, com tudo o que você é, com o que você tem — sejam coisas boas ou ruins — e se lance inteiramente a Cristo e veja as coisas mais improváveis se concretizarem diante de seus olhos.

Você acompanhou a minha história até aqui, desde as noites em que dormi no chão frio de um quintal, até o dia em que me tornei pastor de uma igreja relevante em minha cidade. Tudo isso é para a glória do Senhor. Ele me sustentou até aqui e é quem opera por meio de cada ação promovida tanto pela Igreja Reviver quanto pela Associação Escolhi Amar. Sei que para Deus todas as coisas são possíveis, e o meu coração está aberto para tudo quanto ele deseja realizar, mesmo aquilo que parece pequeno a princípio. Estamos só no começo. O Senhor pode fazer muito mais do que pedimos ou pensamos (cf. Efésios 3.20); temos apenas de crer nele e obedecê-lo dia após dia.

Da mesma forma que ele designou lindos propósitos a serem realizados por intermédio da minha vida, há coisas preciosas a serem concretizadas a partir do seu "sim" a ele. Portanto, prontifique-se hoje mesmo, seja você chamado à obra pastoral, ao mundo dos negócios, da arte ou qualquer outra área: "Entregue o seu caminho ao Senhor; confie nele, e ele agirá" (Salmos 37.5).

HAITI

Obra missionária

Franklin saiu do Haiti e veio pela primeira vez ao Brasil no ano de 2014. Ele recebera, por meio da palavra de Deus, o direcionando para vir à nossa nação. Eu o conheci em uma cafeteria onde ele trabalhava e eu, costumeiramente, tomava o meu café. Em um dia como qualquer outro, ele me viu dando graças pelo alimento e, então, perguntou-me se eu era cristão. Iniciamos uma conversa rápida e ali eu o convidei para visitar a nossa igreja – mas sem dizer que eu era pastor.

Naquele dia, tínhamos culto, era quinta-feira, e era justamente quando eu estava ministrando a Palavra. Ao final, conversamos novamente, e ele me disse que desde a sua chegada ao Brasil, oito meses antes, não havia ido em nenhuma outra igreja, pois estava esperando o direcionamento de Deus para a sua vida. Quando o abracei, feliz por tê-lo conosco naquela noite, Deus ministrou fortemente em meu coração dizendo: "Junior, a partir de hoje, ele é teu filho, e através da vida dele você está abraçando a nação do Haiti". Logo que ele foi embora, fui para minha casa inquieto. Algo tinha mexido comigo naquela noite, e eu não dormi; fiquei só pensando no que Deus me falara a respeito do Franklin. Ao amanhecer, dirigi-me até aquela cafeteria e, quando ele veio me atender, eu perguntei:

– Franklin, eu quero convidá-lo a vir trabalhar comigo na igreja! Você aceita?

– Sim! – ele disse prontamente, sem titubear.

Na semana seguinte, ele foi integrado ao corpo de colaboradores da igreja. Eu o incentivei a cursar Teologia em nosso instituto, pois era visível que Deus tinha algo grande para fazer por meio da vida dele. Passados dois anos, ele concluiu o curso, e durante esse período eu o ensinei a liderar pessoas, importando-se com o ser humano, amando o próximo como Jesus nos ama. No final de 2016, eu tinha um líder formado em

Teologia pronto para voos maiores, foi quando o enviei para o Haiti como missionário.

Eu realmente o tinha adotado como um filho, para amá-lo, ajudá-lo a ter um encontro transformador com o Senhor, e, uma vez restaurado, capacitá-lo para mudar outras vidas. É justamente isso o que ele tem feito em sua nação de origem, onde Deus tem operado de forma grandiosa. Iniciamos no Haiti a implantação de uma igreja local e um lindo trabalho de inserção de dezenas de crianças na escola. O crescimento que o Senhor tem dado a essa obra leva muitas vidas a se renderem a ele.

No princípio, tivemos de alugar um espaço para receber as pessoas, porém, atualmente, temos um terreno que foi adquirido por meio dos recursos angariados com a venda da primeira edição deste livro e dos lucros obtidos com a Barbearia Reviver e a Cross, nossa marca de roupas. Além disso, hoje, conseguimos manter muitas crianças em escolas particulares haitianas.

É possível prover o auxílio que pode ser determinante para o processo de restauração e cura de muitos.

No entanto, é importante lembrar que a obra do Senhor não é feita apenas com recursos financeiros, mas também humanos. Realizamos missões com as mãos dos que contribuem, com os joelhos dos que oram e com os pés dos que saem para levar as Boas Novas de salvação. Deus nos tem dado fé, ousadia e esperança de que um futuro melhor também é possível para o povo do Haiti. Ele, com certeza, tem feito mais do que pedimos ou pensamos.

ENCONTREI UMA FAMÍLIA

7

Com ele, eu comecei a sonhar, sempre que um anseio nascia em meu coração, eu o colocava diante de Deus.

DESDE O MOMENTO EM que tive um encontro verdadeiro com Deus Pai, aos treze anos, e me tornei um filho amado, tudo mudou em minha vida. Eu descobri que a realidade não é determinada pelas circunstâncias, mas a partir da nossa identidade; por isso decidi olhar para as condições adversas que me cercavam por outra perspectiva. Até aquele tempo, eu as via como fatores limitantes, contudo passei a enxergá-las simplesmente como obstáculos a serem superados com a ajuda do meu Pai Celestial. Afinal, já podia afirmar com confiança *que eu encontrei um Pai!*

Com ele, eu comecei a sonhar, sempre que um anseio nascia em meu coração, eu o colocava diante de Deus, e, se aquilo estivesse alinhado aos seus propósitos, ele me abençoava com a oportunidade de obter o que lhe pedia. O primeiro sonho que tive foi o de me tornar um homem cheio de amor, que pudesse encontrar uma mulher com quem construiria uma família saudável. Eu desejava ter filhos e lhes dizer todos os dias o quanto os amava, portanto, como de costume, orei acerca disso e confiei que seria atendido na hora certa. É incrível como, desde o momento em que sonhamos os sonhos de Deus Pai, passamos a viver e nos posicionar de forma diferente.

Mesmo enfrentando grandes desafios na vida, não perdemos a esperança, mas somos revestidos de força (cf. 1 Samuel 2.4) e temos fé de que há um futuro adiante, algo que nem olhos viram, nem ouvidos ouviram, pois é isso o que Deus reserva para aqueles que o amam (cf. 1 Coríntios 2.9). Com essa mentalidade, encarei a triste notícia da morte do meu pai, que se deu um ano e meio após eu conhecer Jesus e encontrar o amor de Deus.

Infelizmente, ele faleceu sem que eu tivesse conseguido ajudá-lo de alguma forma a se livrar dos vícios. Porém, por mais que isso tenha mexido comigo, não foi algo que me deixou desolado; eu recorri ao Senhor e orei: "Deus, eu não pude fazer muito pelo meu pai, mas quero auxiliar outras famílias". Desde então, além de sonhar com minha futura família, passei a desejar também oferecer suporte a pessoas dependentes de substâncias psicoativas e a criar um abrigo para crianças e adolescentes; queria ajudar quem passou por dificuldades semelhantes às de nossa família.

Todos esses sonhos surgiram em minha juventude, e eu pensava: "Junior, você ainda tem alguns traumas, mas está progredindo em superá-los". Muitas mentiras tomaram espaço em meu coração. Por exemplo, por ser muito tímido devido à insegurança, eu andava de cabaça baixa; e isso me fez crescer ouvindo dos meus colegas de escola que eu não sabia sequer andar ou correr.

Essa crença se estendeu por toda a minha infância, adolescência e juventude, de modo que eu tinha dificuldades para me expressar e até andar na frente das pessoas, quanto mais correr. Sempre que encontrava alguém, eu disfarçava, ficava parado esperando a pessoa passar e só depois seguia meu caminho; tudo para que não me vissem andando. Uma outra mentira que me perseguia era a de que eu não teria amigos que me aceitassem de verdade, muitos menos uma família, e jamais seria feliz.

O primeiro sonho que tive foi o de me tornar um homem cheio de amor; que pudesse encontrar uma mulher com quem construiria uma família saudável.

Mas, após encontrar o Pai e iniciar o processo de cura, eu tomei a decisão de não desistir da minha restauração de modo algum; ele tratava comigo gradativamente e de maneira cada vez mais profunda, com bastante zelo, paciência e amor. Todos os dias, quando mentiras tentavam me amedrontar, ele me falava verdades a meu respeito. Não superaria tudo de uma hora para outra, e tinha consciência disso, porém eu persistia nesse processo com o Pai.

Quando eu tinha cerca de dezoito anos, comecei a namorar uma moça, só que a relação não deu certo e rompemos; em seguida, entrei em outro relacionamento, que também se acabou. Então, pensamentos ruins voltaram à minha mente: "Você não vai conseguir construir uma família!"; "Nunca será feliz!". No entanto, eu logo me lembrei das promessas de Deus para mim e de uma história bíblica que me marcou demais desde a primeira vez que a escutei. José era um jovem que teve vários sonhos, mas que, em determinado momento, foi parar literalmente no fundo do poço. E como se não bastasse ter sido vendido a mercadores pelos próprios irmãos e levado ao Egito como escravo, ainda foi preso injustamente.

Contudo, a Palavra afirma que o Senhor estava com José (cf. Gênesis 39.2 e 21), por isso ele não foi paralisado pelas circunstâncias e continuava depositando sua dependência em Deus. Acredito que ele continuou carregando os sonhos que o Pai colocou em seu coração e que sabia quem era: um filho do Altíssimo. Creio nisso, pois observo em sua história que ele não foi vencido pelas dificuldades. Tenho para mim que ele estava convicto de que o poço e a situação de escravo ou presidiário não eram seu destino final. José realmente me inspira. Quando me deparo com adversidades, ou até descrença na realização dos meus sonhos, eu sempre me lembro dele.

Não foi diferente naquela fase, após terminar o segundo namoro, em que enfrentava uma série de pensamentos contrários e chorava desesperadamente. Graças a Deus, além de me recordar de suas palavras a meu respeito e ser encorajado pela trajetória do jovem sonhador, pude contar ainda com o suporte do Geovane e da minha irmã, Michele. Na época, eles já haviam se convertido e até se tornado meus líderes de jovens na igreja, então fui conversar com eles, a fim de lhes pedir conselhos quanto à minha situação.

Eles disseram:

— Junior, enquanto você namorar sem um propósito, vai acabar se frustrando. Mas, quando se comprometer de verdade a constituir uma família e fizer um voto com Deus, ele vai enviar a mulher da sua vida. Você não precisa sair da igreja, ficar procurando por aí. Ela virá até aqui, onde você está.

Com muita sabedoria, aconselharam-me a não procurar simplesmente por uma namorada, mas por alguém que se tornaria minha esposa e mãe dos meus filhos. Foi uma conversa maravilhosa, inclusive foi nesse dia que descobri a importância de buscar a vontade de Deus Pai de forma mais detalhada e específica. Após aquelas palavras, saí de lá revigorado e fiz um voto com o Senhor, comprometendo-me a esperar o tempo que fosse para me aproximar de alguma moça somente quando ele mesmo me direcionasse a fazê-lo; tal período durou cerca de sete meses.

O fim dessa fase se deu no dia em que me deparei com alguém que tocou o meu coração de um jeito especial. Lembro-me de estar em uma celebração da igreja na virada do ano, de 1999 para 2000, sentado no banco de uma igreja com muitas pessoas. Por um momento, fomos todos à frente para receber oração.

À meia-noite, orei por direção divina.
Em seguida, abri os olhos.
Diante de mim, eu a vi.
Ela virou e me olhou também.
Algo aconteceu.

Aquela simples troca de olhares nos marcou profundamente. Depois daquele dia, parecia que tinha sido instalado um ímã em nós. Se eu ia ao centro da cidade, ou a um banco para pagar uma conta, virava e lá estava ela fazendo algo também. Sem combinar, sempre nos esbarrávamos em certos lugares, só que ainda não tínhamos nos falado nenhuma vez; não houvera uma troca de palavras sequer.

No fundo, eu me sentia um tanto desconcertado, pois, quando a vi pela primeira vez depois de clamar a Deus na virada de 1999, pedindo que ele me enviasse a mulher da minha vida naquele ano, senti que o Pai me dizia:

— Essa será a sua esposa e mãe dos seus filhos.

Contudo, não sabia como lhe dizer isso sem causar algum espanto nem se deveria compartilhar algo assim. Quinze dias se passaram e eu já estava apaixonado por ela, a ponto de mal conseguir me conter. Eu queria me declarar logo, só que havia aquele "pequeno detalhe" de nunca havermos nos falado.

Numa terça-feira, às onze horas da noite, fui à casa do Geovane e contei a minha história:

— Lembra da conversa que tivemos sobre orar por uma esposa? Pois é... Tem quinze dias que eu vi uma moça, e me apaixonei...

— É a Michelle, filha do Francisco e da Zilma — declarou a minha irmã. Ela me conhecia tão bem, que já havia percebido o que estava acontecendo.

— Nós vamos ligar para ela agora mesmo! — disse o Geovane.

Depois de receber uma confirmação em oração e um empurrãozinho do meu cunhado, era hora de agir. Apesar da timidez, não me faltou coragem; eu me sentia como um guerreiro que sai em batalha para conquistar uma cidade. Porém, assim que liguei em sua casa, quem atendeu foi o pai dela, com uma voz tão grossa que dava medo... Continuei como um valente soldado e pedi para chamar a Michelle. Ela veio falar comigo e eu disse, mais ou menos, o seguinte:

— Não me leve a mal... Acho que tu não me *conhece*, mas eu sou o Junior. Não quero que *pense* que eu sou apenas um rapaz querendo dizer coisas atraentes; eu tenho um propósito, algo que eu sinto de Deus... Já faz quinze dias que eu estou apaixonado por você.

Ela ficou muda. E a minha perna direita tremia tanto, que não parava no chão. Alguns segundos depois, ela continuava do outro lado sem falar uma palavra. Eu a chamei três vezes:

— Estás aí?

— Oi.

— Estás aí?

— Estou! — ela finalmente respondeu.

— É que você ficou em silêncio — eu disse.

— Sim, não posso falar agora.

Como o pai dela estava por perto, ela ficou meio sem jeito, mas, em seguida, finalmente confessou:

— Eu procurei seu telefone para ligar, porque queria falar com você sobre esse assunto — disse ela. — Tem quinze dias que eu também estou apaixonada por ti.

Combinamos de nos ver dois dias depois. Eu fui de moto até a sua casa, tão nervoso, que caí bem em frente à porta. A mãe dela teve de me ajudar a levantar a motocicleta e tentou me tranquilizar; desse modo, recompus-me. A Michelle veio ao meu encontro e eu lhe disse tudo o que sentia. Então, marcamos um jantar para que eu pudesse falar com o pai dela. No dia combinado, pedi permissão para namorar sua filha, e foi assim que, aos 19 anos, começamos a nossa relação, que durou dois anos e oito meses até o casamento.

Só tempos mais tarde fiquei sabendo que minha irmã já notara a presença de uma moça nova na igreja — a Michelle —, mas eu nunca a tinha visto. Ela, por sua vez, já havia olhado

José realmente me inspira. Quando me deparo com adversidades, ou até descrença na realização dos meus sonhos, eu sempre me lembro dele.

L

AQUELA SIMPLES
TROCA DE OLHARES
NOS MARCOU
PROFUNDAMENTE.
DEPOIS DAQUELE DIA,
PARECIA QUE TINHA
SIDO INSTALADO
UM ÍMÃ EM NÓS.

[...] SEM COMBINAR,
SEMPRE NOS
ESBARRÁVAMOS EM
CERTOS LUGARES,
SÓ QUE AINDA NÃO
TÍNHAMOS NOS FALADO
NENHUMA VEZ; NÃO
HOUVERA UMA TROCA
DE PALAVRAS SEQUER.

para mim e me achara insuportável, a princípio; ainda bem que mudou de opinião pouco depois. Em determinado momento, ela simplesmente começou a gostar de mim e, assim como eu, fez um voto com o Senhor, só que de uma forma diferente. Se Deus estivesse de acordo com esse relacionamento, eu deveria ligar para ela até um dia específico, que foi exatamente quando lhe telefonei da casa do Geovane.

Para a Michelle, parecia impossível que aquilo acontecesse, afinal nunca havíamos nos falado; por isso, há trinta dias ela só chorava e não comia. Chegou a terça-feira, o prazo máximo estabelecido em seu voto, e faltava apenas uma hora para o fim do dia quando eu fiz a ligação. Ela mal podia acreditar e pensava: "Não pode ser! Será que Deus ouviu a minha oração?". A verdade é que, desde que a vi, tinha o desejo de fazer algo, mas graças ao Senhor e ao Geovane, agi na hora certa.

Com muita sabedoria, aconselharam-me a não procurar simplesmente por uma namorada, mas por alguém que se tornaria minha esposa e mãe dos meus filhos.

A partir daí, começamos a namorar, pensando em um futuro juntos como marido e mulher. Só que, em certos momentos, eu me questionava se realmente seria capaz de constituir uma família e proporcionar amor e cuidados paternos, sendo que eu não tinha recebido um bom exemplo por parte do meu pai. Eu entendo que ninguém consegue dar aquilo que não tem, e sabia que ele também não tivera um bom modelo de seu próprio pai. Em meio aos meus questionamentos, o Pai Celestial me encorajou, lembrando-me de que agora eu o havia encontrado: o mais bondoso, amoroso e excelente Pai do mundo. E, dia após a dia, ele afirmava que eu poderia contar com sua ajuda, que ele me capacitaria a ser um bom homem de família.

Foi dessa forma que me dediquei, desde o namoro, a me aperfeiçoar no Senhor, buscando ser mais parecido com ele diariamente (cf. Efésios 5.1).

Como eu e a Michelle tínhamos um propósito claro para o nosso relacionamento, que era nos casarmos, logo passamos a nos organizar para isso em todos os sentidos.

A questão era que as nossas condições financeiras não eram muito favoráveis, porque, na época, eu trabalhava como entregador de autopeças e cursava a faculdade de Economia, sendo que minha mãe me ajudava a pagar a mensalidade da graduação. Já a Michelle era estudante de Pedagogia e dava aula em um jardim de infância. Ou seja, nenhum dos dois tinha a conta bancária muito recheada. Não à toa, os meus sogros e a minha mãe acharam uma verdadeira loucura da nossa parte tomar uma decisão como aquela. Mas o amor que nos unia e o desejo de construirmos a nossa família nos fizeram ousados o suficiente para iniciar nossos planos de casamento.

Então, uma vez que nos posicionamos quanto a isso, as coisas começaram a fluir de forma extraordinária. Em um dia normal de trabalho, enquanto entregava peças em uma grande concessionária da cidade, aproveitei a oportunidade de estar ali e fui até os recursos humanos da empresa. Disse ao gerente que eu tinha o desejo de trabalhar na loja; ele pediu que eu lhe entregasse o meu currículo impresso e esperasse por uma oportunidade. Voltei no mesmo dia com o *curriculum vitae* em mãos e lhe disse que precisava daquele emprego, porque queria construir uma família, o que implicava em ter certas condições financeiras para manter uma casa.

Vendo minha determinação, contrataram-me imediatamente, e eu passei a ter um salário cinco vezes maior que o meu anterior. Ao mesmo tempo, a Michelle decidiu trancar a faculdade de Pedagogia e iniciou o curso de Administração. Assim que começou a distribuir currículos candidatando-se a vagas nessa área, foi chamada para trabalhar em um banco da cidade e passou a receber três vezes mais que antes.

Os meus sogros nos deram uma de suas casas, então iniciamos os ajustes necessários, como a construção da garagem e a compra de alguns móveis. Ao longo do processo de preparo para o casamento, também adquirimos um carro e uma moto. Lentamente, o nosso sonho de nos tornarmos uma família ganhava forma a cada dia. Em 20 de janeiro de 2000, começamos a namorar e projetar o nosso futuro juntos. Em dezembro de 2001, noivamos e marcamos a data do nosso matrimônio para 9 de novembro de 2002, e nessa data nos casamos. Eu tinha vinte e dois anos de idade e a Michelle, dezenove.

Logo no início do nosso namoro, a Michelle me disse que não podia ter filhos, por causa de um acidente que sofrera. Entretanto, com oito meses de casados, descobrimos que ela carregava nosso primeiro filho. Fiquei radiante de alegria! Desde o princípio, quis participar de tudo que era possível. Acompanhei minha esposa no curso de gestante, fiz questão de pintar o quarto do nosso filho e escolher cada detalhe da decoração.

No dia 27 de fevereiro de 2004, nasceu o João Pedro, e com ele a oportunidade de me tornar o pai que eu desejava ter tido. Troquei sua primeira fralda, dei-lhe o seu primeiro banho, auxiliava a Michelle nas horas das mamadas, fazia o João Pedro dormir no meu peito e lhe dava muito amor. Estávamos extremamente felizes com o nosso pequeno.

Quando ele tinha seis meses de idade, pudemos comprar uma casa maior que aquela em que morávamos. Assim começamos a projetar a nossa mudança para lá.

Foi justamente nessa época, quando o João ainda mamava no peito, que a Michelle teve uma forte hemorragia pelo nariz e pela boca. Ela foi internada às pressas, pois os médicos precisavam avaliar bem a sua situação; logo então veio o diagnóstico: lúpus e púrpura, doenças autoimunes com quadro agravado. Lá estava eu, com a minha esposa hospitalizada, entre a vida e a morte, e meu filho pequeno nos braços. De uma hora para outra, a Michelle foi impedida de dar atenção, cuidado e até mesmo alimento ao nosso bebê. Quanto a ele, tão pequeno, frágil e indefeso, ficou sem o afago de sua mãe. Foram dias terríveis e de muita angústia! Fiz a mudança para a nossa casa sozinho e me desdobrei para cuidar da Michelle e do João Pedro ao mesmo tempo.

Seguimos o processo de recuperação e, contrariando as previsões médicas, vivemos um milagre. De forma repentina, a minha amada esposa teve seu quadro revertido: o número normal de plaquetas sanguíneas de um ser humano é cento e quarenta mil, mas ela chegou a ficar com apenas três mil plaquetas, o sangue havia praticamente virado água, de modo que estava sujeita a ter uma hemorragia cerebral a qualquer momento. Mas, sobrenaturalmente, tudo mudou e superamos esse momento difícil.

No entanto, sabíamos que seria muito arriscado para a Michelle engravidar novamente; por isso, dedicamo-nos a cuidar um do outro com todo o nosso amor, sendo capacitados e sustentados pelo Senhor a cada dia.

Desde que o João era bem pequeno, eu sempre lhe dizia o quanto o amava, pois sabia muito bem a importância de palavras assim.

— Filho, você sabia? — eu perguntava.

— O quê, pai? — ele dizia.

— Que o pai te ama?

Eu repetia essas coisas tantas vezes, que, depois de certo tempo, ele mesmo já respondia a minha pergunta, sorridente, afinal sabia do meu amor. João Pedro era um menino muito alegre e carinhoso, mas, com cinco anos de idade, começou a se sentir um pouco sozinho e pedir a companhia de um irmãozinho. Após muita oração, contra todos os diagnósticos, a Michelle engravidou e, meses depois, nasceu a nossa princesa, Isabella, em outubro de 2009. Ela também ganhou minha atenção, dedicação e amor tanto quanto o João Pedro.

Em certos momentos, eu me questionava se realmente seria capaz de constituir uma família e proporcionar amor e cuidados paternos.

Hoje, posso afirmar que recebi e também sou capaz de oferecer um amor de pai que superou tudo o que já passei. Ao olhar para Deus Pai, busco seguir seu exemplo de paternidade com os meus filhos, embora também reconheça que somente Deus Pai é perfeito, e cuida tanto de mim quanto do João e da Isabella. Ele nunca decepciona nem abandona ou sequer pensa em maltratar um filho. A minha responsabilidade é refletir sobre a vida deles a paternidade que recebi de Deus, de modo que eles poderão ver de perto que existe um amor verdadeiro, que não rejeita e não maltrata; um amor que não se vai com o tempo, mas se manifesta de maneira constante e eterna. Sou grato ao Pai por seu amor, pois por meio dele podemos ser sarados e curar gerações. É por causa dele que a história de nossa família tem sido transformada.

É verdade, o começo da minha trajetória não foi dos melhores, e os desafios familiares se iniciaram muito antes do casamento dos meus pais. Mas foi só durante o processo de solicitação da minha cidadania italiana, ao fazer uma pesquisa sobre a família do meu pai, que eu descobri o quanto ele também tinha sofrido na infância.

Meus bisavós paternos, Augusto Rostirola e Palmira Alburelli, chegaram ao Brasil no final do século XIX, vindos da Itália em um navio. Aportaram diretamente no estado do Rio Grande do Sul com os filhos, que também haviam nascido no país europeu. Depois de um tempo, minha bisavó engravidou e deu à luz ao meu avô, Octílio, que veio ao mundo no dia 12 de outubro de 1918.

Ele cresceu em um lar totalmente disfuncional, onde presenciava o alcoolismo do pai, além de sua violência e agressividade contra a sua mãe, uma mulher que era colocada por seu próprio marido dentro de um barril de vinho e arremessada morro abaixo. Não bastasse isso, uma vez ou outra, meu bisavô queimava as pernas da minha bisavó como um fazendeiro marca com ferro quente o quadril de um gado. Meu avô presenciava cenas como essas, dia após dia, e, tendo se casado com minha avó, tratou-a do mesmo modo. Chegou a ponto de selar seu corpo como se sela um animal.

Enquanto realizava minha pesquisa, ouvindo esses relatos dos meus tios e primos, fiquei extremamente abalado, pois tão forte quanto o que me contaram foi o sofrimento vivenciado por minha mãe durante os vinte e oito anos que esteve com o meu pai. Eu sabia que não tinha como alterar o passado, mas, certamente, o presente e o futuro poderiam ser diferentes do que havia acontecido entre meus antecessores. Decidi que aquilo que minha esposa, filhos e a geração vindoura viveriam seria algo novo, iniciado através de mim. Creio que é possível mudar realidades de gerações a partir de nós!

Hoje, posso afirmar que recebi e também sou capaz de oferecer um amor de pai que superou tudo o que já passei.

Assim, a restauração da minha família, que já se iniciara em meu casamento, seguiu tomando novas proporções. Em julho de 2022, meu filho João Pedro ficou noivo;

EU SABIA QUE
NÃO TINHA COMO
ALTERAR O PASSADO,
MAS, CERTAMENTE,
O PRESENTE E O
FUTURO PODERIAM
SER DIFERENTES
DO QUE HAVIA
ACONTECIDO
ENTRE MEUS
ANTECESSORES.

e o lugar que ele escolheu para fazer o pedido de casamento à sua namorada foi tão lindo quanto significativo e extraordinário: uma cidade que eu nunca havia visitado, Praia Grande, na divisa entre o Rio Grande do Sul e Santa Catarina. De um lado, o estado pelo qual a família Rostirola chegara ao Brasil, do outro, onde resido com a minha família.

Até aquele dia, não imaginava como o noivado do meu primogênito marcaria não apenas a vida dele e da sua noiva, como também a minha. A proposta de casamento foi feita em um voo de balão, com uma vista panorâmica dos dois estados, e ao contemplar a cena do meu filho tomar aquela decisão tão importante para sua vida, eu comecei a ser ministrado por Deus a respeito da transformação que ele tem operado em nós. À medida que o balão onde estávamos subia, ao contemplar toda aquela vista, veio-me à memória algo que o Senhor havia me falado anos atrás, e naquele momento ele me reafirmava: "Estou reescrevendo a história das próximas gerações. O que foi tristeza eu transformo em alegria, o que foi sofrimento eu transformo em cura, e o que foi medo eu transformo em paz!".

Creia no que a Palavra de Deus diz: **"As coisas velhas já se passaram, eis que tudo se fez novo" (2 Coríntios 5.17b)**.

A família Rostirola chegou ao sul do Brasil através do estado do Rio Grande do Sul. Dali, foi para outros estados do país, como Santa Catarina, onde minha família e eu residimos. Até o final do século passado, nossa história havia sido marcada por violência, alcoolismo e desestrutura familiar, porém, a partir de um encontro com Deus Pai, ela se tornou totalmente diferente.

Se o meu bisavô carregou consigo dor e abuso, meu filho, ao pedir sua noiva em casamento naquele local, possibilitou-me vislumbrar que quando temos um encontro com o Pai, podemos desfrutar de uma nova realidade. Tudo aquilo que meus antepassados viveram não faria mais parte da realidade da minha família, pois o estado que presenciou a crueldade dos meus antecessores estava prestigiando a alegria de uma nova família prestes a se formar, com o coração totalmente alinhado ao de Deus.

Humanamente, eu seria a pessoa mais improvável para contar toda esta história, mas Deus me curou e me transformou. Ele mudou a minha vida por completo e tem me ajudado a realizar todos os sonhos que coloca em meu coração. Quando olho para quem me tornei hoje, vejo o poder do Pai e tudo o que ele é capaz de fazer em quem realmente deposita nele toda a sua confiança. Sabe, pude perceber que meu pai sofreu tanto quanto eu, e a grande diferença é que ele infelizmente não pôde ter um verdadeiro encontro com Deus em tempo oportuno para viver dias como os que eu tenho vivido.

Hoje entendo que não podemos deixar para amanhã o amor que precisamos dar hoje, nem postergar as decisões que devemos tomar neste instante para vivermos alinhados aos propósitos de Deus. Confesso que minha vontade seria voltar no tempo e fazer pelo meu pai o que não lhe fizeram, gostaria de ajudá-lo a sair da vida miserável que ele tinha. Ninguém dá o que não recebeu, e ele só nos ofereceu aquilo que obteve por uma vida inteira: violência e rejeição. Não pude auxiliá-lo, contudo, agora, posso proporcionar amparo a milhares de outras vidas, àquelas que se encontram nas mais diversas situações de vulnerabilidade. Seja quem batalha com vícios, pessoas paralisadas pelo medo, órfãos e todos que são rejeitados de algum modo.

Ele mudou a minha vida por completo e tem me ajudado a realizar todos os sonhos que coloca em meu coração.

Sou grato a Deus Pai por curar as minhas feridas e me usar para transformar a realidade de tantas pessoas, a começar pela minha própria família. Eu, que pensei que jamais poderia ser pai, por conta das minhas limitações e por não ter tido uma boa referência paterna, tive a minha filiação completamente restaurada por Deus. Ele me ofereceu o amor que jamais recebi antes, e me capacitou a dar o meu melhor.

Compartilho com você, com grande emoção, o depoimento de quem pode testemunhar de verdade sobre o pai que me tornei:

JOÃO PEDRO

"Eu me chamo João Pedro Rostirola. Falar do meu pai é algo muito importante para mim, porque ele é a minha maior referência. Tudo que aprendi a respeito de família, sonhos e propósito foi com ele. Meu pai me ensinou valores que ficarão gravados em mim pelo resto da minha vida.

Fico emocionado ao falar dele, porque o amo tanto, que, muitas vezes, faltam palavras para explicar o que sinto.

Ouço histórias de como meu avô era agressivo, uma pessoa que não demonstrava carinho por ele nem por minhas tias. Nessas horas, penso: "Parece que meu pai não é filho do meu avô! Como pode ser o oposto dele?".

As decisões do meu pai me inspiram, e suas atitudes me fazem sentir protegido e cuidado. Uma das minhas recordações mais antigas é de quando morávamos em Presidente Prudente, cidade para a qual ele e minha mãe foram enviados a pastorear uma igreja no início de seu ministério. Aquela foi uma época muito desafiadora. Eu tinha apenas dois anos, por isso não entendia quase nada, apenas sofria com o calor intenso e a saudade da família em Itajaí. Mas, em todo o tempo, ele era muito zeloso e me confortava. Vejo o cuidado e a proteção do meu pai, que ficaram marcados em mim, desde aquela época, como fundamentos de uma boa paternidade.

Hoje entendo que não podemos deixar para amanhã o amor que precisamos dar hoje.

Meu pai nos criou com muito carinho, até mesmo quando nos corrigia; sempre fez isso de maneira que expressava amor. Tenho lembranças de seus abraços e beijos ao chegar de uma viagem ou do trabalho, e o admiro por ser presente em todos os momentos; ele faz questão de nos direcionar e impulsionar constantemente.

Ele alimenta todas as áreas da nossa vida: espiritual, física, emocional e profissional. Certa noite, há muitos anos, meu pai estava viajando e ligou para mim, dizendo-me que eu era um profeta para a nossa nação. Essa memória ficou gravada em meu coração e em minha mente, e serviu como um pilar para o meu ministério. As palavras proféticas liberadas pelo meu pai me encorajaram a não somente sonhar, como também a realizar sonhos. Um deles foi concretizado em 2022, quando concluí uma escola ministerial em São José dos Campos. Passar tempo longe da minha cidade não foi muito fácil, mas ele me impulsionou a prosseguir até o fim, por isso também lhe dou créditos por essa conquista.

O meu pai é um orgulho para mim e o meu maior modelo na Terra em relação ao ministério, trabalho, casamento e paternidade. Meu desejo é ser ao menos parte do marido e pai que ele é. Quero que meus filhos tenham essa mesma imagem e lembranças que carrego dele".

ISABELLA

"Eu me chamo Isabella Rostirola. É inevitável não ficar emocionada ao falar do meu pai, porque ele sempre foi muito carinhoso e amoroso comigo. Ele é engraçado, mas também é sério quando necessário. É o melhor pai do mundo. Toda vez que ele chega do trabalho, eu me aproximo dele para sentir o seu perfume e, quando viaja, gosto de usar alguma camiseta dele pelo mesmo motivo. Eu sei que estou protegida e segura ao lado do meu pai. Ele ora comigo, lê livros para mim e diz que me ama o tempo inteiro.

Uma das coisas mais bonitas que ele já fez, que jamais esquecerei, foi quando me deu flores pela primeira vez. Eu estava no recreio da escola. Quando voltei para a sala de aula, vi um buquê de rosas na mesa e perguntei: "Esse buquê é seu, professora?". Ela respondeu: "Não, é seu!". Fiquei tão feliz!

Quando peguei aquelas nove rosas, abri o cartão e estava escrito: "Eu te amo muito e nunca esquecerei o seu aniversário". Aquele gesto foi especial demais para mim, porque o meu pai foi o primeiro homem a me dar flores.

A história dele também me inspira. Vejo o grande homem que ele se tornou, um pai de muitos, e sei que da mesma forma como impulsiona outras pessoas, também me impulsiona. Hoje mesmo carrego um sonho que surgiu ao escutar a respeito de como ele queria implantar igrejas na Itália. Passei a sonhar em ir para a Europa, e ele me encoraja e ajuda a não perder a fé de que isso se realizará na hora certa".

Quero também compartilhar um pouco sobre o projeto que iniciamos para auxiliar famílias:

PROJETO AMAR

Apesar de a minha mãe tentar suprir, com suas limitações, todas as necessidades mais urgentes da nossa casa, não tivemos uma boa estrutura familiar como já dissemos. Dentro de mim, sentia que eu precisava encontrar maneiras de ajudar outras famílias que sofriam o mesmo que nós havíamos sofrido. Assim surgiu o Projeto Amar, que visa prover orientação e ensino.

Oferecemos assistência à população de nossa cidade por meio de cursos gratuitos, que servem de ferramentas para contribuir com a estruturação de famílias. Ensinamos a respeito do papel dos homens, das mulheres, orientamos noivos, casais, pais e mães, também ministramos sobre organização financeira e dispomos de atendimento psicológico e pastoral. Com o crescimento da igreja que lidero e sua relevância em nossa cidade, o projeto tomou proporções gigantescas e, depois de um tempo, entendemos que deveríamos expandir nossa atuação. Então passamos a promover diversos eventos, como encontros de casais, nos quais ajudamos na restauração da vida a dois. Além disso, dispusemos novos cursos e variedades de atendimentos.

Ao longo dos anos, entendemos que o Projeto Amar era muito mais que uma organização de ensino; tratava-se de um lar, onde havia um ambiente seguro para desabafar, chorar, receber consolo e aconselhamento. Há inúmeros relatos que recebemos desde que iniciamos nossas atividades, entre eles um testemunho muito forte de uma mulher chamada Cleide.

Certa manhã, ela saiu de casa em direção ao trabalho; no caminho, estava decidida a tirar a própria vida. Pensava em se jogar com sua bicicleta na frente de um caminhão. Quando, porém, passou diante da sede da associação — que na época denominava-se Lar da Família —, sua atenção foi captada pela placa na entrada, na qual estava retratada uma família sorridente. Isso a fez parar e entrar em nosso prédio. Naquele dia, Cleide iniciou um dos nossos cursos, começou a receber acompanhamento psicológico e, desde então, descobriu um novo sentido e propósito para a sua vida.

Outro testemunho é sobre certo casal que parou o carro em frente ao Lar, enquanto discutiam sobre a separação deles e a divisão dos seus bens. A placa do Lar da Família também lhes chamou à atenção, fazendo com que a esposa, curiosa em saber do que se tratava, ligasse-nos para pedir informação. Quando teve conhecimento de que era uma organização que se propunha a auxiliar famílias por meio de cursos e atendimento, ela sugeriu ao esposo que fizessem uma tentativa de reconciliação, e ambos determinaram que aquela seria a última chance de permanecerem juntos.

Agora observe como Deus age nos detalhes. O casal era bastante conhecido na cidade, e por isso o esposo pontuou à sua mulher que não aceitaria ser atendido por alguém de Itajaí. No entanto, não mencionaram essa condição ao agendarem o aconselhamento. Adivinhe: milagrosamente, no dia marcado, o casal que estava de plantão para atendê-los não era de Itajaí, e sim da cidade de Balneário Camboriú! Sendo assim, começaram o processo de restauração familiar, e, desde então, têm feito cursos e experimentado mudanças significativas no relacionamento conjugal e com os filhos.

Um outro casal, Everton e Angelita, enfrentava um momento terrível no matrimônio, com seus sete anos de casados. Conforme nos relataram, não havia mais conversa, só brigas; porém, ninguém ao redor deles sabia dessa situação. Em julho de 2016, o esposo se envolveu virtualmente com outra pessoa. Sua mulher se relacionava tão pouco com ele, que não percebeu o que acontecia.

Dentro de mim, sentia que eu precisava encontrar maneiras de ajudar outras famílias que sofriam o mesmo que nós havíamos sofrido.

Em certo momento, decidiram procurar ajuda, mas foram julgados e separados do restante da igreja que frequentavam. Segundo eles, sentiram-se como se estivessem com uma doença contagiosa. Depois disso, ele se envolveu mais profundamente com a outra mulher e se afundou em depressão. Ao mesmo tempo, sua esposa recebia telefonemas dessa pessoa, que a humilhava. Essa situação fez com que ela desenvolvesse síndrome do pânico e decidisse deixar o marido.

Porém, a história deles começou a mudar quando um amigo do Everton os convidou para visitar a Igreja Reviver, onde Deus falou bastante com o casal. Só que ainda precisavam de um acompanhamento próximo de pessoas sábias, que pudessem ajudá-los. E então ficaram sabendo do Lar da Família e dos vários cursos que havia disponível. Tiveram uma aula específica sobre perdão e, logo em seguida, a oportunidade de liberar de vez tudo aquilo que ainda estava preso no coração deles. Ambos tiveram a vida restaurada, e, hoje, afirmam que vivem os melhores dias do casamento deles. Glória a Deus por isso!

Entendemos que a família é a base da sociedade; é por intermédio dela que os indivíduos se desenvolvem em plenitude. No entanto, de acordo com uma pesquisa do Instituto Brasileiro de Geografia e Estatística (IBGE), percebemos que houve um aumento estrondoso da taxa de divórcio nos últimos quarenta anos; existe um crescente número de adultos solitários e um índice cada vez menor de pessoas que desejam se integrar como membro formal de uma família[1]. Além disso, podemos observar facilmente como muitos se interessam por estudar diversos assuntos, porém deixam de lado as pautas familiares, como casamento, vivência a dois, etc.

Eu senti na pele o impacto do desinteresse pela construção saudável de uma família. Percebo que meu pai via minha mãe somente como um objeto de consumo e, por isso, não a tratava com o mínimo de dignidade e respeito. Rendendo-se ao álcool com frequência, ele a agredia, traía e desonrava todo o nosso ambiente familiar.

Por outro lado, minha mãe, uma verdadeira guerreira, sempre batalhou para nos proporcionar o mínimo de conforto e segurança possível naquele cenário. Cresci em meio a uma triste realidade que, infelizmente, não é excepcional. Porém, quando me tornei adulto, além de escolher fazer tudo completamente diferente do que tinha visto em minha antiga casa, decidi trabalhar pela mudança dessas estatísticas que mencionei, a começar pela cidade onde vivo.

Minha maior alegria é me deparar com as famílias que atendemos e notar a transformação ocorrida em seus lares e identidades, sabendo que essas pessoas também têm influenciado muitas outras vidas, no convívio com seus familiares, amigos e colegas. É imensurável o impacto que temos causado na sociedade com o Projeto Amar, e temos convicção de que não estamos mudando "só" famílias, mas gerações. Assim como eu e minhas

[1] VARGENS, Renato. **Como saber se o seu casamento está à beira do divórcio?** Publicado em Pleno.News no dia 06/03/2019. Disponível em: https://pleno.news/opiniao/renato-vargens/como-saber-se-o-seu-casamento-esta-a-beira-do-divorcio.html. Acesso em: 6 de março de 2023.

irmãs tivemos nossas vidas regeneradas, creio que Deus fará coisas ainda maiores em nossos filhos, futuros netos, bisnetos, e assim por diante.

Com a certeza de que toda essa transformação que tenho falado se dá a partir de um encontro com Deus, desenvolvemos, dentro do Projeto Amar, um retiro em que ministro sobre cura da orfandade, compartilho minhas experiências e convido o Espírito Santo a se mover, isso mesmo: proporcionamos um encontro com Deus Pai, Deus Filho e Deus Espírito Santo. Trata-se de um evento com um cronograma bem planejado, no qual cem pessoas, durante um final de semana, vivem uma jornada incrível de cura e restauração. A cada nova edição, tomamos conhecimento de relatos de experiências deslumbrantes, em que homens e mulheres recebem um toque do Senhor e passam a enxergar a possibilidade de viver algo novo, a nova realidade da graça e amor de Deus.

O Projeto Amar também tem outra iniciativa, que começou no ano de 2021. É um trabalho voltado para aqueles que possuem integrantes autistas em suas famílias. Percebemos que essas pessoas costumam ficar isoladas, e, muitas vezes, não têm a chance de estar num ambiente público sem serem julgadas por seu comportamento, que parece inadequado aos que não compreendem a situação. Notei que, em nossa comunidade local, muitas famílias sofriam por não saberem lidar com os desafios de ter uma criança autista.

Em razão disso, mensalmente, um grupo de voluntários passou a se reunir para disponibilizar ferramentas para dar suporte a essas famílias — pois não se trata apenas de um membro, e sim de toda uma família que precisa ser assistida em seus desafios. Esse trabalho crescerá ainda mais, pois queremos desenvolver terapias que amparem crianças e adolescentes autistas em suas questões particulares.

O Projeto Amar tem sido reconhecido grandemente em Itajaí, bem como em todo o estado de Santa Catarina, com premiações e méritos. Pessoas vêm de outras cidades e estados para conhecerem e aprenderem sobre como gerenciamos esse programa, e, em seguida, implantarem algo parecido em suas comunidades locais. De fato, o que tem acontecido em nosso meio é algo imensurável. Tanto os voluntários quanto eu e minha família ficamos impactados com a contribuição do Projeto Amar à sociedade. Somente Deus poderia fazer algo assim.

CAPÍTULO 8

A REALIDADE DA ORFANDADE

8
O extraordinário é que,
mesmo o meu pai não
estando vivo, sei que eu não
sou órfão. Eu encontrei
um Pai, o nosso Deus Pai.

QUANDO PASSEI A TER contato com muitas pessoas, em especial, ao me tornar pastor, percebi que, infelizmente, a orfandade é um problema real e bem presente em nossa sociedade. Tive essa confirmação ao notar como muitos se identificam com a minha história, enfrentam as mesmas questões de insegurança e sentimento de rejeição, decorrentes da ausência paterna, com as quais batalhei por tanto tempo.

O extraordinário é que, mesmo o meu pai não estando vivo, sei que eu não sou órfão. Eu encontrei um Pai, o nosso Deus Pai, e desde então busco me aprofundar na revelação de que sou seu filho amado, ao passo que ele me cura e afirma seu amor por mim diariamente. Ele é um Deus vivo, presente, provedor e protetor. Ele é suficiente para suprir todo o abandono e rejeição que você possa ter sofrido, tendo um pai humano em sua vida ou não.

Em contrapartida, antes de ter esse encontro com Deus, eu era órfão, por mais que o meu pai terreno estivesse vivo. Afinal, além de ser ausente na maior parte do tempo, sua presença não trazia nenhuma marca da verdadeira paternidade, como aceitação, proteção ou provisão; pelo contrário, implicava somente em rejeição e dor, deixando-nos em uma constante situação de vulnerabilidade. O pior é saber que nossa família não é um caso à parte, e que atualmente vivemos no que se chama de "geração sem pai".

Uma vez que o homem foi designado por Deus como sacerdote do lar (cf. Efésios 5.23-33; 1 Coríntios 11.3), ter o pai ausente do convívio da família, independentemente do motivo, é um ponto-chave para se obter um lar desestruturado. Com isso, lembro-me de algo que a minha mãe sempre dizia: "Se vocês quiserem se esconder do pai, é só ficar em casa". Mesmo após o horário de trabalho, ele raramente permanecia conosco; passava uma boa parte de seu tempo no bar. Quando decidia ir para casa, tarde da noite, dispunha-se apenas a brigar com a minha mãe e a nos agredir.

As memórias que guardo do meu pai, do pouco que ele ficava em nossa casa, estão sempre relacionadas a conflitos. Não tenho uma única memória dele sentado à mesa conosco, conversando no sofá da sala, brincando no quintal, ou fazendo qualquer outra coisa que não fosse estar alcoolizado e implicar com cada um de nós.

A sua ausência resultou em diversos problemas emocionais e até espirituais em minha vida; o mesmo ocorre em inúmeros lares. Todavia, estou convicto de que Deus deseja restaurar a vida de cada um de nós, seus filhos amados; do mesmo modo que ele tem me sarado, dispõe de porções de cura sem medidas a todos os corações que carecem de paternidade.

Também creio que Deus Pai anseia por trazer cura aos pais de nossa geração, para que se tornem presentes e amorosos, que encontrem alegria em seu próprio lar, zelando pela família que o Senhor lhes confiou. Antigamente, em tempos de guerra, por exemplo, os homens convocados a lutar tinham de deixar suas residências, o que era triste, mas ao mesmo tempo, compreensível. Graças a Deus, hoje, não vivenciamos essa realidade de guerra no Brasil, diferentemente de outros países, todavia muitos homens se ausentam do lar por coisas banais, ou até ficam em casa, mas não se fazem presentes na vida da esposa e dos filhos nem demonstram carinho e atenção a eles. A consequência disso é o que chamo de geração de filhos órfãos de pais vivos.

As memórias que guardo do meu pai, do pouco que ele ficava em nossa casa, estão sempre relacionadas a conflitos.

A orfandade é um problema tão grande, que pode se manifestar também nas relações animais[1]. Houve um tempo, na África do Sul, em que os elefantes estavam em risco de extinção. Portanto, profissionais da área decidiram reproduzi-los com ajuda da ciência. Desse modo, povoaram de elefantes o parque onde costumavam ficar; logo em seguida, houve um aumento significativo no número de filhotes gerados naturalmente.

Então optaram por transportar os elefantes mais jovens para parques vizinhos. Passado um tempo, alguns animais de outras espécies,

[1] Disponível em: https://www.bbcearth.com/news/teenage-elephants-need-a-father-figure. Acesso em: 5 de abril de 2023. Veja também em: https://beyondthesestonewalls.com/blog/gordon-macrae/in-the-absence-of-fathers-a-story-of-elephants-and-men. Acesso em: 5 de abril de 2023.

como rinocerontes e hipopótamos, apareceram machucados, como se tivessem sido agredidos. Os responsáveis pelo parque acharam que havia caçadores, ou talvez uma doença que os afligia. Por isso, decidiram instalar câmeras de vigilância para detectar o que realmente estava acontecendo. Para a surpresa de todos, constataram que, na verdade, quem os machucava eram os elefantes jovens.

Partindo dessa descoberta, passaram a investigar qual seria o motivo de tanta agressividade; chegou-se à conclusão de que o comportamento dos elefantes jovens se devia, provavelmente, à ausência dos seus pais ou dos mais velhos, que não puderam ficar com seus filhotes devido a problemas logísticos da época, como de transporte de animais de grande porte. Essa situação afetou as próximas gerações da espécie. Por isso, os biólogos decidiram transportar alguns dos elefantes adultos para aquele parque. Depois de pouco tempo, a diferença no convívio com os outros animais foi notável; de alguma forma, os mais velhos ensinavam os mais jovens a viver em comunidade, através do exemplo deles, e as agressões cessaram.

Quando li a respeito disso, entendi que a orfandade gera consequências em todos os âmbitos, tanto no meio humano quanto no animal. A figura paterna, representada nesse caso pelos elefantes mais velhos, foi crucial para estabelecer ordem e decência no convívio daquele parque. Como esse exemplo é poderoso para trazer transformação a um ambiente!

QUAL É O EFEITO SOCIAL DA AUSÊNCIA PATERNA EM CASA?

Há inúmeras pesquisas revelando estatísticas que nos levam à reflexão. Abaixo menciono algumas delas:

- 90% das crianças desabrigadas e fugitivas são resultado de lares sem pais.[2]

[2] *America First Agenda - Pillar IX: Provide Safe and Secure Communities so All Americans Can Live Their Lives in Peace, Chapter 47 - Strengthen Fatherhood and the Nuclear Family.* (Tradução livre: Agenda de Prioridades da América – 9º pilar: Ofereça comunidades seguras e protegidas para todos os americanos poderem viver em paz, capítulo 47 – Fortaleça paternidade e a família nuclear). Disponível em: https://agenda.americafirstpolicy.com/safer-communities/strengthen-fatherhood-and-the-nuclear-family. Acesso em: 5 de abril de 2023.

- 85% das crianças que apresentam transtornos de comportamento vêm de uma casa sem pai.[3]
- 80% dos estupradores advêm de lares sem pai.[4]
- 75% dos presidiários não tiveram relacionamento com seus pais.[5]
- 71% das crianças que abandonaram os estudos são provenientes de casas sem pai.[6]
- 63% dos suicídios cometidos por jovens acontecem em lares sem pai.[7]

Sabe o que eu considero ainda mais chocante em tudo isso? O fato de se tratar de um estudo realizado em âmbito mundial!

Ao me deparar com esses dados, foi inevitável não pensar no impacto da ausência do meu pai em nossa casa. Eu mesmo cheguei a pensar na morte e a abandonar os estudos em determinado momento; sem a sua presença e proteção, cresci inseguro, com medo de tudo, a ponto de virar motivo de chacota na escola, e não saber mais enfrentar aquela situação.

Minha irmã mais nova, a Cris, também sentiu o tanto que a lacuna paterna afetou sua vida. Olhávamos para as famílias dos vizinhos e, sem perceber, nutríamos o desejo de ter uma vida ao menos um pouco diferente da nossa; queríamos uma realidade mais parecida com a daqueles amigos que viviam felizes e protegidos em seus lares.

Um pouco mais velha, a Cris sonhava em entrar na faculdade e cria que isso era algo que Deus tinha reservado para a sua vida, mas a insegurança e o medo a faziam recuar e desistir desse anseio. Muitas vezes, ela foi dispensada de empregos por causa da sua dificuldade de se relacionar com as pessoas, algo que se devia a traumas emocionais que carregava. Felizmente, o Senhor

[3] Disponível em: https://www.cdc.gov/nchs/data/series/sr_10/sr10_178.pdf. Acesso em: 5 de abril de 2023.

[4] KNIGHT, Raymond A. **Criminal Justice & Behavior,** Vol 14, p. 403-426. 1978.

[5] Disponível em: https://americafirstpolicy.com/latest/20220215-fatherlessness-and--its-effects-on-american-society. Acesso em: 5 de abril de 2023.

[6] Disponível em: http://www.rochesterareafatherhoodnetwork.org/statistics. Acesso em: 5 de abril de 2023.

[7] Disponível em: https://americaninequality.substack.com/p/single-parent-homes--and-inequality. Acesso em: 5 de abril de 2023.

preparou um bom marido para ela, e usou a vida dele para ajudá-la a superar os problemas gerados pela orfandade em seu coração.

Assim como eu, minha irmã e tantos outros fizemos, é possível deixar as decepções para trás e abraçar a nossa identidade em Cristo. Cada um pode decidir entre ser uma pessoa amarga, raivosa e triste, ou se reconhecer como um filho amado de Deus, alguém que perdoa e é perdoado, que ama e é amado.

Trata-se de uma escolha. Podemos olhar para a nossa experiência de vida, ainda que tenha sido repleta de tragédias, como algo que nos impulsiona a seguir em frente, reconhecendo como o Senhor agiu em nosso favor, resgatando-nos e nos conduzindo à sua maravilhosa luz. Cabe a nós abandonar toda a dor do passado e abrir o coração para o amor e a alegria que encontramos na presença do nosso Deus.

ALGUNS EFEITOS COLATERAIS DA ORFANDADE

Deus deu ao homem a capacidade de prover, promover e proteger a família. Quando um menino não observa isso em casa, com seu pai, está propenso a se tornar um homem que espera ser protegido e suprido, que carece de propósito e que não se dispõe a correr atrás dos sonhos. Sente-se perdido, inseguro, sem referências. Com a ausência paterna, ele tende a perder a direção, o rumo de sua vida, e costuma fazer más escolhas.

Outra consequência terrível dessa realidade é o altíssimo índice de abortos que tem ocorrido atualmente. Só em 2022, foram mais de quarenta e quatro milhões de assassinatos de bebês no ventre no mundo. Esse número é quase quatro vezes maior que as mortes causadas por doenças infeccionas.[8]

Assim como eu, minha irmã e tantos outros fizemos, é possível deixar as decepções para trás e abraçar a nossa identidade em Cristo.

[8] Aborto é a principal causa de morte no mundo em 2022 com 44 milhões de bebês mortos. Disponível em: https://www.guiame.com.br/gospel/noticias/aborto-e-principal-causa-de-morte-no-mundo-em-2022-com-44-milhoes-de-bebes-mortos.html. Acesso em: 14 de abril de 2023.

DEUS DEU AO HOMEM A CAPACIDADE DE PROVER, PROMOVER E PROTEGER A FAMÍLIA. QUANDO UM MENINO NÃO OBSERVA ISSO EM CASA, COM SEU PAI, ESTÁ PROPENSO A SE

TORNAR UM HOMEM QUE ESPERA SER PROTEGIDO E SUPRIDO. [...] COM A AUSÊNCIA PATERNA, ELE TENDE A PERDER A DIREÇÃO, O RUMO DE SUA VIDA, E COSTUMA FAZER MÁS ESCOLHAS.

Percebo a conexão entre essa taxa e a orfandade ao observar a quantidade de mães solteiras ao meu redor. É incrível como muitas mulheres se dispõem a lutar por seus filhos, mesmo sendo abandonadas por seus parceiros, porém nem todas fazem isso. Afinal, pais indispostos a se responsabilizarem por seus filhos implicam, muitas vezes, em mães inseguras para gerá-los. E eu posso imaginar como isso machuca o coração de Deus, pois ele ama a família. Na realidade, a família não só é uma criação divina para este mundo, como também uma das maiores formas pelas quais o Senhor se manifesta na Terra. O Reino de Deus é construído em família e tem a família como uma de suas bases. Contudo, a falta de paternidade tem destruído aquilo que o Senhor ama e deturpado o que ele havia criado para ser bom, saudável e cheio de propósito.

Na realidade, a família não só é uma criação divina para este mundo, como também uma das maiores formas pelas quais o Senhor se manifesta na Terra.

Em contrapartida, quando um pai é presente no lar, ele traz um nível de disciplina capaz de transformar o tumulto em organização por meio de sua autoridade. Esta, sendo bem utilizada, por um homem amoroso, promove um ambiente sadio, forte e estável. Além disso, quando os nossos pequenos contam com bons exemplos de pais, terão maior facilidade para se relacionarem com o Senhor, pois entenderão mais claramente a dinâmica da família nas figuras de Deus Pai, Deus Filho e Deus Espírito Santo.

Um outro exemplo para entendermos melhor as consequências de um lar desestruturado está no caso das baleias de um dos parques mais famosos do mundo, o Sea World, localizado em Orlando, Estados Unidos. Funcionários do parque diziam que o tempo médio de vida e a saúde dessas baleias no confinamento era biologicamente perfeito e normal, se comparado à vida na natureza.

Contudo, elas começaram a apresentar um comportamento agressivo e imprevisível, o que não deveria ser surpresa alguma considerando o contraste do *habitat* delas com o cativeiro em que viviam. Em oceano aberto, as baleias nadam até cento e sessenta quilômetros, enquanto no parque são obrigadas a dar voltas em piscinas, de modo que acabam bastante estressadas. Os treinadores pensavam que elas haviam encontrado uma maneira de viver felizes depois de tanto tempo confinadas no tanque. Entretanto, a bióloga Gabriela Cowperthwaite afirmou que a realidade é o oposto disso; na verdade, elas vivem em conflito constante e não têm para onde fugir.[9]

Algo semelhante acontece em nossas famílias. Quando o nosso *habitat* não oferece as devidas condições para se viver de forma saudável, é como se os membros do lar estivessem em cativeiro, então desenvolvem estresse e dificuldades para se relacionar. Podem se tornar agressivos e imprevisíveis, atacando com palavras e atitudes. Sabemos, no entanto, que Jesus veio proclamar liberdade aos oprimidos (cf. Lucas 4.18). Nele há esperança para que todos sejam verdadeiramente livres!

LIVRE DA ORFANDADE

Durante o período em que convivi com meu pai, que morreu quando eu tinha apenas quatorze anos, não tive um momento em seu colo nem ouvi um simples "eu te amo". A rejeição foi o sentimento mais presente em nossa relação.

Em virtude do grande consumo de álcool, ele já estava acamado há alguns meses. Era um homem alto, de aproximadamente um metro e oitenta, e magro. Viveu seus últimos dias em uma cama, com os tendões e músculos se atrofiando constantemente. Muito próximo à data de sua morte, meu pai recebera a visita de uma pessoa que apresentou Jesus a ele. Ouvindo sobre o plano de salvação, ele verbalizou receber Jesus como seu Senhor e Salvador, assim como eu havia feito. Foi nessa oportunidade que ele tomou a decisão de pedir perdão à minha mãe e aos filhos.

Como essa cena nos marcou! Aquele homem tão "dono de si", que por tantas vezes havia sido violento e agressivo com a sua esposa e os filhos,

[9] *"Blackfish":* o documentário que expõe a tortura de baleias em cativeiro no SeaWorld. Disponível em: https://thegreenestpost.com/blackfish-o-documentario-que-expoe--tortura-de-baleias-em-cativeiro-no-seaworld/. Acesso em: 3 de abril de 2023.

teve um encontro genuíno com Jesus, arrependendo-se de seus pecados e reconhecendo diante de toda a família que havia errado. Poucas horas depois de sua decisão, precisou ser hospitalizado e permaneceu em internação por quinze dias, vindo a falecer ao final desse período.

Quando chegou o caixão, vi meu pai com o corpo atrofiado, praticamente só pele e osso; o seu tamanho parecia o de uma criança de sete ou oito anos. Mesmo com todo o cuidado que recebeu da minha mãe nessa temporada de enfermidade, em seu corpo havia escaras com os ossos aparentes, por conta do atrofiamento de seus músculos e tendões.

Em nosso semblante, via-se a expressão de tristeza e as lágrimas descendo. Por mais que ele nos tivesse feito sofrer tanto, tratava-se do nosso pai; e a partir daquele dia, não o teríamos mais conosco.

Quando me dei conta disso, tudo o que eu mais queria era abraçá-lo, pois eu nunca havia recebido um abraço ou um colo seu. Naquele instante, ele não poderia me impedir, mandar-me sair de perto, nem conseguiria se esquivar de mim, ou melhor, suas atitudes de ira e falta de compaixão não poderiam me afastar. Mas, ao mesmo tempo, seus braços atrofiados e frios não podiam me abraçar; estavam enrijecidos e sem possibilidade de alcançar um garoto no início de sua adolescência, que passou toda a vida, até aquele dia, almejando profundamente um abraço de seu pai.

Eu, sempre muito tímido, com as emoções e sentimentos machucados por causa daquela vida que me parecia não ter sentido, estava na frente de um caixão, querendo abrir os braços do meu pai, para me encaixar em seu afago e sentir a ternura que um pai deveria dar ao seu filho. Porém, não poderíamos voltar no tempo; assim, no dia 23 de agosto de 1994, sem que eu tivesse a chance de abraçá-lo, ele partiu.

Os anos se passaram, amadureci, casei-me, tornei-me pai e pastor de uma grande igreja. Em um belo dia, estava em uma conferência na qual um amigo meu ministrava a Palavra, quando fui surpreendido ao ouvi-lo dizer:

– Ouçam! Talvez você tenha passado toda a sua vida querendo o abraço de alguém, do seu pai, da sua mãe, ou há uma pessoa de quem você sempre esperou algo.

Naquele instante, as lembranças da morte do meu pai no caixão vieram à tona. Recordei o quanto eu queria um abraço dele, o quanto gostaria de

OS TRAUMAS AINDA EXISTENTES EM MEU CORAÇÃO FORAM SARADOS [...], POIS CADA PEQUENO ESPAÇO EXISTENTE EM MEU CORAÇÃO FOI PREENCHIDO PELO GRANDE AMOR DE DEUS PAI.

ter sentido o pulsar de seu coração junto ao meu. O pastor que ministrava convidou aqueles que queriam um abraço para irem à frente, e eu, imediatamente, pus-me de pé e percorri aquele corredor. As lágrimas já eram evidentes em meu semblante.

Esse amigo meu foi quem orou por mim, sem conhecer meu passado e as dores que estavam guardadas em minha alma; ele me abraçou, representando um pai, e assim os traumas ainda existentes em meu coração foram sarados, as dores adormecidas, curadas, as feridas, que outrora estavam apenas anestesiadas, foram limpas e começaram a cicatrizar, pois cada pequeno espaço existente em meu coração foi preenchido pelo grande amor de Deus Pai.

NOVIDADE DE VIDA É POSSÍVEL

As minhas irmãs passaram a infância, adolescência e parte da juventude escutando gritos, vendo a nossa mãe apanhar e sendo agredidas também. Ao crescerem, talvez por influência das amigas ou até pela expectativa de fugirem daquele ambiente, começaram a sonhar com a construção de suas próprias famílias. Por mais que parecesse impossível realizarem esse sonho, considerando toda a crueldade que viveram, o Senhor as restaurou e preparou homens especiais para cada uma delas.

Kátia, minha irmã mais velha, sempre foi a festeira da casa, tinha muitos amigos e saía com frequência. Ela se casou cedo, teve três filhas e, hoje, é avó de sete lindas crianças.

A Cris, a Michele e eu permanecemos com a mãe por mais tempo. Até que um vizinho nosso, o Leo, que conhecia a Cris desde a infância, apaixonou-se por ela e foi correspondido em seus sentimentos. Por meio desse relacionamento, ela sentiu que poderia ter a segurança e proteção que sempre buscou. Em pouco tempo, eles se casaram e agora têm dois filhos, uma menina e um menino; toda a sua família conhece a Jesus e anda com ele. Ela e a minha mãe têm uma loja de aviamentos, portanto hoje trabalham juntas.

Assim como a Kátia, Michele também se casou jovem, no mesmo ano que a Cris. Seu esposo é o Geovane, filho do senhor Zé, que tanto nos ajudou. Eles tiveram um filho, e algo que a deixava muito feliz era ver o cuidado que o marido demonstrava com o menino. Ela contemplava tudo aquilo relembrando como sonhava em ter recebido esse carinho quando pequena, e agradecia a oportunidade de ver isso se realizar em sua família.

Depois que seu filho cresceu um pouco, a Michele retomou os estudos e começou a trabalhar na área de comércio exterior, chegando a se tornar uma profissional muito reconhecida no setor. Além de ser também graduada em Serviço Social, hoje, junto ao meu cunhado, são pastores na Igreja Reviver.

Quanto a mim, lembro que uma das minhas maiores dificuldades, mesmo após o casamento, era a insegurança. Eu não conseguia, por exemplo, sair para comprar roupas sozinho. Era algo tão simples, mas eu ligava para a minha mãe e as minhas irmãs, e íamos todos ao shopping, porque sentia uma grande necessidade de aprovação. Também tinha bastante dificuldade de estar em evidência nos lugares em que as pessoas me veriam. Às vezes, eu precisava estacionar o carro para ir ao banco; se o semáforo fechasse e outros carros parassem ao lado do meu, eu não descia do veículo até abrir o semáforo e eles partirem. Eu fazia tudo o que era possível para evitar que olhassem para mim.

Quando os nossos pequenos contam com bons exemplos de pais, terão maior facilidade para se relacionarem com o Senhor.

Além de toda essa insegurança, é comum, infelizmente, que o filho de um alcoólatra leve em seu coração o sentimento de culpa. Eu questionava se o vício do meu pai não era, de certa forma, minha responsabilidade. No fundo, eu gostaria de ter feito algo para mudar a situação dele, mas na época não sabia como auxiliá-lo nesse sentido.

Outra característica recorrente em quem teve um pai nessa condição é ver todo tipo de mudança como ameaça, afinal costumamos passar toda a vida em um vai e vem constante, sem saber o destino. Então, quando se consegue alguma estabilidade, a busca por defendê-la se torna obsessiva. Existe o sentimento de que a mudança trará caos, temor e descontrole, o que acaba, muitas vezes, abrindo espaço para que as emoções fiquem desordenadas.

Graças a Deus, não tenho de enfrentar dificuldades como essas sozinho; se em algum momento me encontro inseguro, com medo de mudanças ou com qualquer outra questão, recorro ao meu Pai e ele me encoraja a seguir em frente e superar qualquer desafio que me ocorra.

O Senhor também reservou algo especial para a minha mãe. Sua história é uma das mais lindas que já vi. Apesar do sofrimento vivido com o meu pai, ela sempre permaneceu como uma luz brilhante. Depois do falecimento de seu marido, foi apresentada ao João pela irmã dele e, meses depois, decidiu se casar novamente. Aos poucos, sua vida foi restaurada por Deus.

O João foi um bom marido para ela. Minha mãe conta que, quando compartilhava com ele suas dores do passado, demonstrava compaixão, carinho e amor. Sempre atencioso e cuidadoso, ele a acompanhava à igreja e para onde quer que fosse. Foram casados por dezenove anos, e, quando o João teve Alzheimer, minha mãe cuidou dele até que ele viesse a falecer.

Atualmente, ela deixou a casa onde morou por quarenta e oito anos, tem seu próprio apartamento e um carro. Continua zelando por nós, e está sempre em oração pela nossa família; é fiel participante das programações da nossa igreja e bem presente na vida dos filhos e netos. Minha mãe é extremamente feliz, pois também foi encontrada por Deus, que a curou e sarou suas feridas. Por isso, tudo o que ela quer agora é desfrutar da alegria e satisfação de caminhar com o Senhor.

Lembro que uma das minhas maiores dificuldades, mesmo após o casamento, era a insegurança.

ÓRFÃOS SENTEM-SE INCAPAZES

O medo que eu enfrentava das situações da vida, por mais simples que fossem, faziam-me desejar entrar embaixo da saia da minha mãe, pois vivia envergonhado e inseguro, sentindo-me sempre incapaz de realizar qualquer coisa.

Não me lembro de ter tido sonhos em minha infância, e, quando desejava algo, não tinha confiança alguma para batalhar por aquilo. Assim, até o meu encontro com o Pai, cresci sem saber como me posicionar ou conquistar o que ansiava, mesmo que fosse apenas jogar bola com os meninos da escola.

Quando carregamos orfandade no coração, a nossa capacidade de gerar e sustentar uma família é abalada. Perdemos o propósito e sentido da vida, de modo que não vivemos aquilo que gostaríamos pelo simples fato de não saber o que realmente desejamos. O nosso senso de direção é afetado.

Todavia, há uma resposta simples e poderosa para todos que se identificam com essa situação de alguma forma: Jesus! Cristo é o Caminho, a Verdade e a Vida, ele é quem nos leva ao Pai (cf. João 14.6). Portanto, por mais que você esteja batalhando com algo que pareça insuperável no momento, simplesmente se entregue ao Senhor, confie nele e tenha convicção de que aquele que começou a boa obra em você também a completará (cf. Filipenses 1.6).

Não há motivo para você alimentar a tristeza. É possível realinhar seu rumo, pois existe um Pai real. Ele nunca decepciona nem se ausenta, como está escrito:

> Pai para os órfãos e defensor das viúvas é Deus em sua santa habitação. Deus dá um lar aos solitários, liberta os presos para a prosperidade [...]. (Salmos 68.5-6)

Que belo texto! Deus é pai para os órfãos. Ele pode preencher completamente a lacuna que existe em nossa vida, assim como fez com a minha. Creia: você pode ter uma filiação restaurada pelo Pai Celestial. Tudo o que você precisa fazer é dar o primeiro passo em direção a ele.

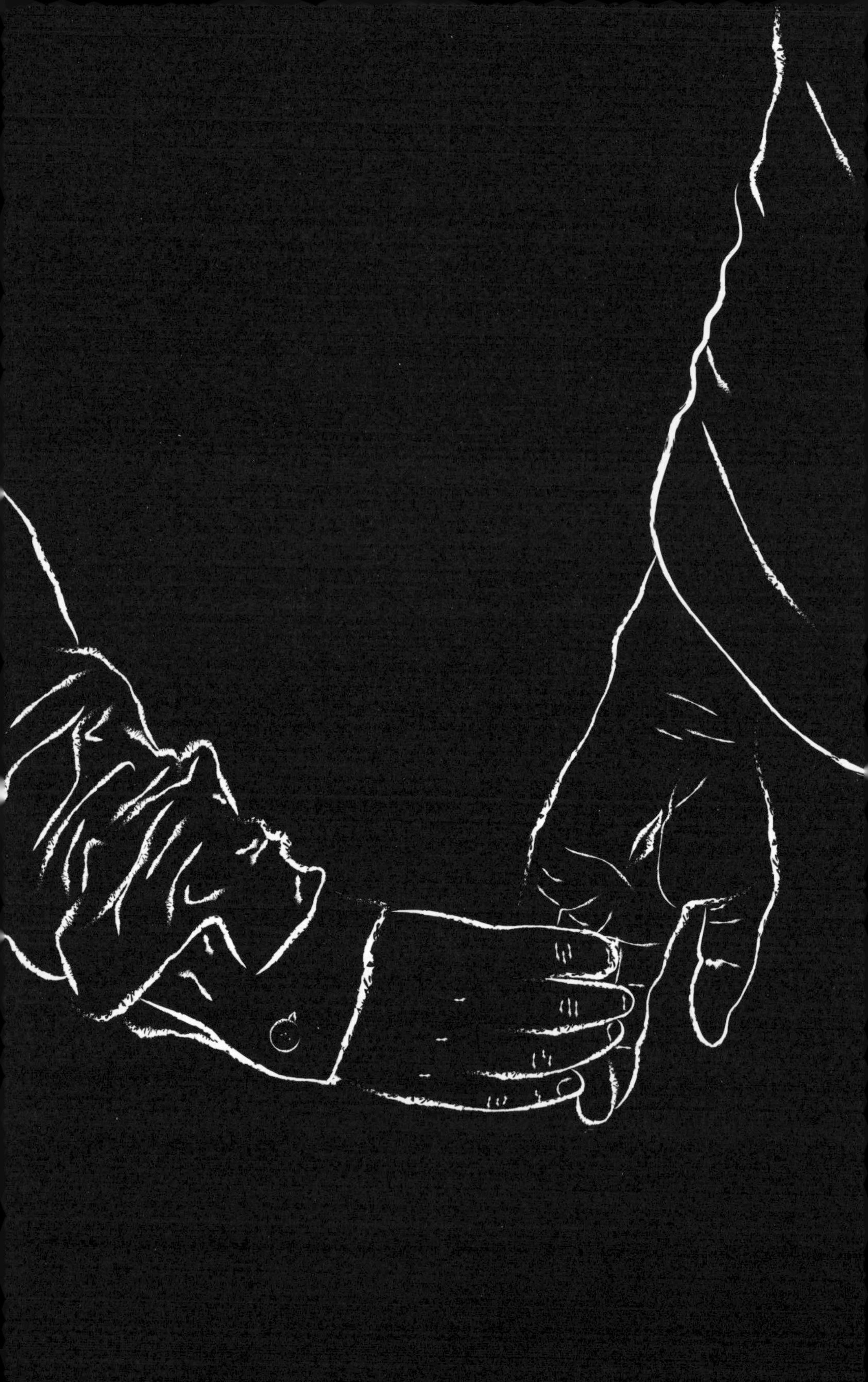

CAPÍTULO 9

ENCONTREI UM PAI

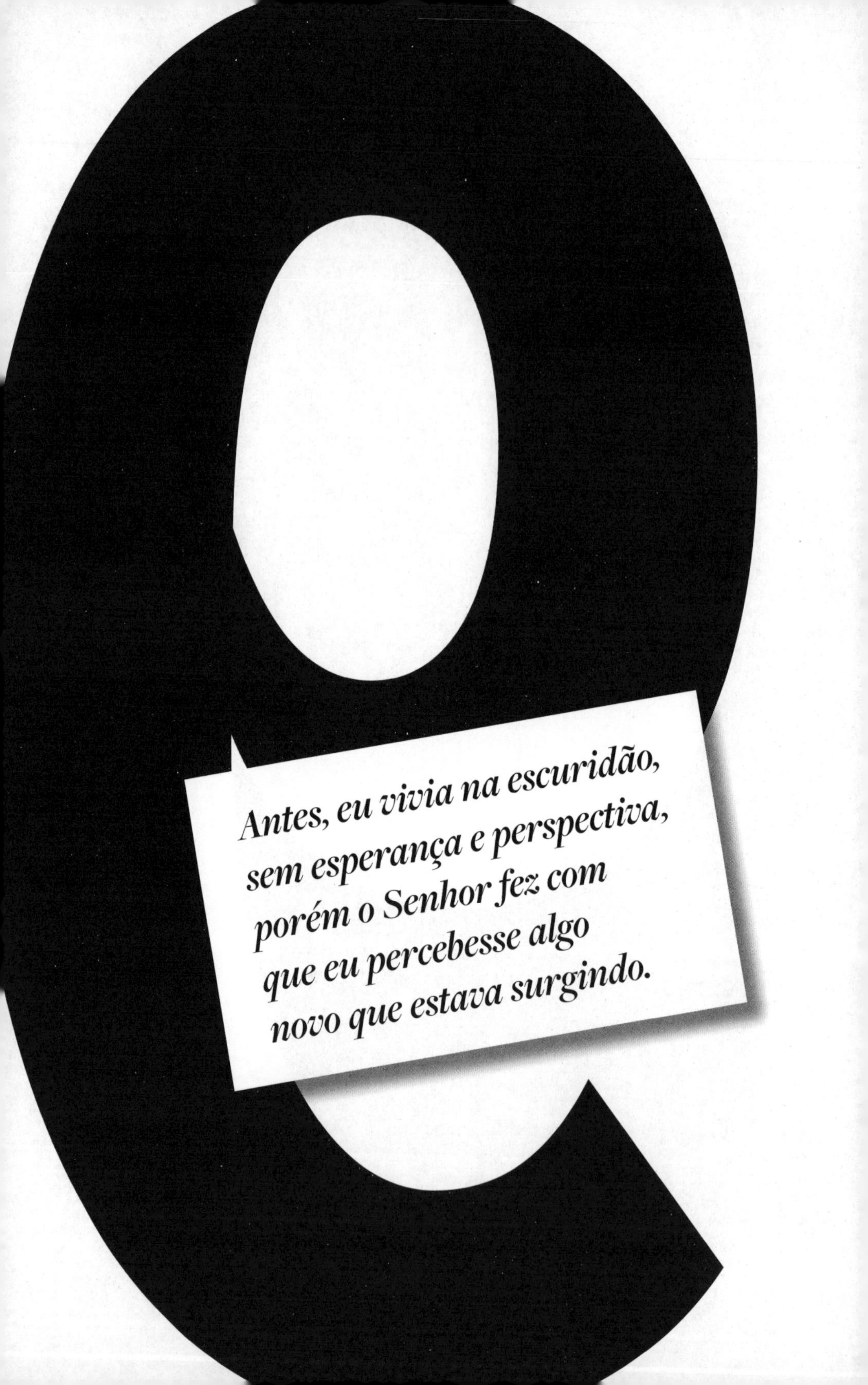
Antes, eu vivia na escuridão,
sem esperança e perspectiva,
porém o Senhor fez com
que eu percebesse algo
novo que estava surgindo.

ENCONTREI UM PAI! *Sim, eu encontrei um Pai!* E esse foi o evento mais marcante e revolucionário de toda a minha vida, pois foi quando ela começou a mudar. Antes, eu vivia na escuridão, sem esperança e perspectiva, porém o Senhor fez com que eu percebesse algo novo que estava surgindo. Ele removeu aquilo que me paralisava e me tornava fechado para tudo e todos, ajudando-me a me abrir para o mundo pela primeira vez.

Era como se, no clima nublado da minha história, o Sol tivesse finalmente aparecido e seus raios penetrassem por entre as nuvens, a ponto de me trazer alento, um ânimo fresco e esperança. Uma vida nova surgia bem diante dos meus olhos — logo para mim, alguém que pensava que a esperança nem sequer existia.

À medida que me relacionava com Deus, eu passava a ter sonhos, ele compartilhava seus planos comigo, trazendo clareza e propósitos àquela antiga vida de escuridão.

Ainda que muitas pessoas não acreditassem nos meus sonhos, olhassem para o meu exterior e as minhas circunstâncias, e não vissem possibilidade alguma de se realizarem, por mais que eu mesmo desanimasse algumas vezes, Deus seguia me encorajando e me mostrando que era possível cumprir tudo o que ele havia arquitetado para mim.

Muitas vezes, eu me via encurralado por medos e acusações, questões que foram geradas em minha mente e em meu coração devido aos traumas com meu pai terreno. Deus, no entanto, sempre falava comigo, revelava-me como tudo havia ficado para trás, e evidenciava o quanto eu tinha valor, capacidade de superar o passado, ir além e viver um propósito maior do que eu mesmo. Ao seu lado, eu aprendi que não estou na Terra por acaso; ele tinha algo extraordinário preparado para a minha existência. A princípio, ainda não conseguia enxergar, mas cria em suas palavras, e o Senhor me forjava para o destino que ele tinha reservado para mim.

Antes, quando ainda não havia descoberto quem eu realmente era, sabia que não poderia ir muito longe. Mas tudo se tornou diferente ao encontrar minha verdadeira identidade, a qual recebi por intermédio de Cristo.

Observe o que a Palavra de Deus afirma sobre o batismo de Jesus:

> [...] Naquele momento os céus se abriram, e ele viu o Espírito de Deus descendo como pomba e pousando sobre ele. **Então uma voz dos céus disse: "Este é o meu Filho amado, em quem me agrado".** (Mateus 3.16,17 – grifo nosso)

Aquela era a voz de Deus Pai, confirmando a identidade de Cristo como um filho amado. Esta também é a realidade sobre a minha vida e a de todos aqueles que recebem a Jesus como Senhor e Salvador, pois assim está escrito:

> Contudo, **aos que o receberam,** aos que creram em seu nome, **deu-lhes o direito de se tornarem filhos de Deus,** os quais não nasceram por descendência natural, nem pela vontade da carne nem pela vontade de algum homem, mas nasceram de Deus. (João 1.12,13 – grifo nosso)

Nunca se esqueça: em Cristo, você pode se tornar um filho amado de Deus também, basta entregar-se a ele:

> Vejam **como é grande o amor que o Pai nos concedeu:** que fôssemos chamados **filhos de Deus, o que de fato somos!** [...]. (1João 3.1 – grifo nosso)

Quem recebe Jesus carrega essa identidade. Eu estou em Cristo e, por isso, sei que nada é capaz de mudar a minha posição de filho de Deus. Compreendi que, para o Senhor, independentemente de tudo que meu pai terreno tinha feito ou deixado de fazer, havia restauração para a história da minha família, e ela começaria por mim. O lar que encontrei em Deus me fez sentir a paz e o amor de que tanto necessitava.

Aquele menino quieto,
temeroso,
acuado,
recluso,
triste,
improvável,
filho do cachaceiro,
vindo de família totalmente desajustada,
dava lugar a um homem em processo de melhoramento,
alguém capaz de sonhar, realizar e conquistar
— um filho amado de Deus Pai!

O Senhor construiu uma nova história para mim; e vivendo essa realidade, eu me coloquei à disposição para que ele alcançasse toda a minha família, o que tem sido feito tão graciosamente. Posso dizer que, hoje, somos parte de um enredo sonhado pelo Pai, o qual se concretiza de forma poderosa e exponencial a cada dia.

No entanto, a orfandade, como sabemos, atinge muitas pessoas; na verdade, ouso dizer que alcança a maior parte delas. Reflita sobre a sua vida, por exemplo. Você vive ou já viveu como órfão? Talvez nunca tenha se sentido um filho. Quem sabe, até tenha sido realmente rejeitado e se rebelou?! Será que foi deixado de lado em relação aos seus irmãos ou comparado a alguém que parece estar sempre à sua frente em todos os âmbitos?

Quando passamos por isso, é comum termos a sensação de não pertencimento, de inadequação, de não sermos amados nem dignos de amor. A orfandade interfere na maneira como nos enxergamos, gera uma distorção em nossa autoimagem e nos afasta da nossa verdadeira identidade em Deus. Também nos leva a desenvolver o desejo de nos escondermos e não enfrentarmos a realidade. Você entende a extensão dos danos que esse mal pode causar na vida de uma pessoa?

Em mim, posso dizer que a orfandade fez um grande estrago. Contudo, muito maior que os danos, foi a maravilhosa obra divina em minha vida, e é justamente o que ele oferece a você também. Jamais conseguirei expressar em palavras a minha gratidão pelo que Deus fez por mim; ele colocou a minha casa em ordem! Realinhou meus sentimentos e a forma como enxergo a vida, mostrou-me que tenho um propósito e, acima de tudo, que sou amado por ele. Hoje, vivo por algo maior que eu e com a consciência de que o que sou e faço é para a sua glória.

Sei que eu nunca seria capaz de desfrutar dessa realidade por minhas próprias forças; Deus foi quem operou e continua agindo em meu lar. Somente ele pode restaurar o que está quebrado dentro de você e ao seu redor também. Só ele pode tornar o seu pranto em alegria e trazer paz à sua alma devido aos acontecimentos do passado. Creia, o Senhor dará sentido para a sua existência no presente e esperança para o seu futuro. Os planos divinos para nós são muito maiores do que poderíamos sonhar ou imaginar.

DEUS PODE MUDAR TUDO!

Sim, você acaba de ler corretamente: Deus pode transformar qualquer pessoa e situação! Contudo, para isso, é importante entender algumas verdades a respeito de quem ele é. O Senhor é santo, poderoso, justo e fiel, é misericordioso, gracioso e bondoso. Ele é amor (cf. 1 João 4.8).

> *O Senhor construiu uma nova história para mim.*

A sua Palavra afirma que ele é o Alfa e o Ômega, o Princípio e o Fim (cf. Apocalipse 1.8), o Grande EU SOU (cf. Êxodo 3.14), e a lista se estende. De fato, nosso Deus é alguém que ultrapassa os limites do entendimento humano, ao mesmo tempo em que é o nosso Pai, com quem podemos desenvolver um relacionamento próximo — e esse é justamente o seu anseio, pois ele nos ama:

> Porque **Deus tanto amou o mundo** que **deu o seu Filho Unigênito,** para que todo o que nele crer não pereça, mas tenha a vida eterna. (João 3.16 – grifo nosso)

Consegue imaginar? Não sei se você já é pai ou mãe, mas, seja como for, tente pensar na possibilidade de entregar um filho único por amor a alguém. No mínimo, seria por uma pessoa em que você vê um grande valor, certo? No caso do sacrifício de Deus, **você** é esse alguém precioso.

Sendo assim, quero levá-lo a refletir na imensidão de seu amor por nós, conforme as definições bíblicas. Primeiro, percebo que esse amor é multidimensional:

> [...] E oro para que vocês, arraigados e alicerçados em amor, possam, juntamente com todos os santos, compreender **a largura, o comprimento, a altura e a profundidade,** e conhecer o amor de Cristo que excede todo conhecimento [...]. (Efésios 3.17-19 – grifo nosso)

O amor de Deus tem largura. É como um vasto oceano, que nos cerca de compaixão e misericórdia. Ele nos encontra quando nos vemos rodeados pela escuridão, e nos protege o tempo inteiro. O seu amor é maior que a escuridão, a dor, o medo, a falta ou rejeição. Ele é a esperança para os desanimados e a paz para os oprimidos.

O amor de Deus tem comprimento. Ele percorre distâncias. É impossível cairmos tão longe a ponto de ele não poder nos resgatar; ou corrermos tão depressa, que ele não consiga nos alcançar; não somos capazes de nos esconder de maneira que ele não nos encontre. Seu amor é melhor que a vida, é mais forte que a morte; e é tão alto, que chega até os céus (cf. Salmos 36.5). Se desistimos, o amor divino continua nos chamando de volta. Quando falhamos, ele é capaz de nos perdoar e restaurar. O amor lança fora todo medo; ele nos encoraja e fortalece.

O amor de Deus tem profundidade. Ele é intenso e capaz de penetrar o fundo da nossa alma e saciar o nosso coração por completo. A revelação desse amor ocorre à medida que nos entregamos a ele e o buscamos de todo o nosso coração (cf. Jeremias 29.13). O Senhor anseia nos mostrar essa faceta de seu amor, mas isso só é possível se nos dedicarmos a esse relacionamento.

Acredite: ele é um bom Pai; o melhor do mundo, na verdade. E se nós, que somos seres humanos falhos, sabemos proporcionar coisas boas aos nossos filhos, quanto mais o nosso Deus. É isso o que Jesus afirma:

> Se vocês, apesar de serem maus, sabem dar boas coisas aos seus filhos, **quanto mais o Pai de vocês, que está nos céus,** dará coisas boas aos que lhe pedirem! (Mateus 7.11 – grifo nosso)

O AMOR DE DEUS TEM
COMPRIMENTO. ELE
PERCORRE DISTÂNCIAS.
É IMPOSSÍVEL CAIRMOS
TÃO LONGE A PONTO
DE ELE NÃO PODER
NOS RESGATAR;

OU CORRERMOS TÃO DEPRESSA, QUE ELE NÃO CONSIGA NOS ALCANÇAR; NÃO SOMOS CAPAZES DE NOS ESCONDER DE MANEIRA QUE ELE NÃO NOS ENCONTRE.

De fato, o nosso Pai nos concede o que é bom, mas observe que isso se destina "aos que lhe pedirem". Afinal, quem cultiva um verdadeiro relacionamento com Deus tem tranquilidade para abrir o coração e colocar diante dele suas necessidades. O Senhor, contudo, é tão bondoso e generoso, que vai além, como Paulo enfatiza em Efésios 3.20:

> Àquele que é capaz de fazer infinitamente mais do que tudo **o que pedimos ou pensamos**, de acordo com o **seu poder** que atua em nós. (grifo nosso)

Ou seja, temos liberdade para pedir coisas ao Pai, e devemos fazer isso, porém é importante termos consciência de que ele tem muito mais para nossa vida do que nós mesmos imaginamos. Seus sonhos são maiores que os nossos. Talvez você sonhe com uma família, um emprego, um ministério, mas ele anseia que, além disso, você carregue uma identidade, um destino, tenha um legado e seja parte de um grande impacto que perdurará por gerações.

Portanto, vá em frente, pense grande, mas saiba: por maior e melhor que seus próprios anseios possam parecer, jamais se compararão àquilo que Deus planejou para você. Você sabe como ele expressa seu amor?

> Ele nos torna parte de sua família.
> Ele nos chama de filhos amados.
> Ele nos capacita para vencer.
> Ele nos leva de volta à nossa verdadeira identidade, cura as nossas raízes, para que possamos seguir em frente.

Hoje, eu estou enraizado em uma terra que transmite vida, não mais morte. Agora, estou plantado em uma terra que transfere amor, não mais dor ou tristeza.

> O amor de Deus me encontrou.
> Com seu amor, ele me resgatou daquele banco da escola.
> Com seu amor, ele me retirou da escuridão e do isolamento do meu quarto.

Com seu amor, ele me fez enxergar o meu valor.
Com seu amor, ele me fez andar por novos horizontes.
Com seu amor, ele me abraçou em momentos de dor.
Com seu amor, ele me trouxe segurança.

Esse amor também está disponível para você. O Pai está esperando para resgatá-lo e tirá-lo da solidão do seu esconderijo, seja ele qual for. O Senhor quer lhe trazer paz, proteção, alegria, aceitação e ousadia para levá-lo a perceber quem você realmente é: um filho amado!

Ao receber o amor que vem de Deus, você se tornará uma nova pessoa. As coisas velhas serão deixadas para trás e o seu coração será preenchido. Você se tornará um cidadão real e nobre, filho de Deus Pai; carregará a natureza celestial com uma mente renovada, de modo que passará a pensar e a ver pela perspectiva dele. Inclusive, é sobre esse amor verdadeiro, incondicional e puro que a passagem de 1 Coríntios 13 se refere:

O amor nunca desiste.
O amor se preocupa mais com os outros que consigo mesmo.
O amor não quer o que não tem.
O amor não é esnobe,
Não tem a mente soberba,
Não se impõe sobre os outros,
Não age na base do "eu primeiro",
Não perde as estribeiras,
Não contabiliza os pecados dos outros,
Não festeja quando os outros rastejam,
Tem prazer no desabrochar da verdade,
Tolera qualquer coisa,
Confia sempre em Deus,
Sempre procura o melhor,
Nunca olha para trás,
Mas prossegue até o fim. (vs. 4-7, A Mensagem)

O amor divino é uma das maneiras que o nosso Deus usa para nos transformar, restaurar e nos levar a sonhar os seus sonhos. Oro para que, a despeito de seu passado, você valorize o grande amor do Senhor e abra seu coração para os projetos e pensamentos que ele tem a seu respeito. Todos nós nascemos para um propósito; sem ele, a vida não teria relevância nem esperança de um futuro. Somente em Deus Pai você pode descobrir a sua filiação e o caminho que deve seguir. Viver o seu real desígnio o faz agir com base em sua identidade, e não nas circunstâncias ao redor. Pois o toque do Pai não promove apenas cura, mas indica o destino.

RETORNO DA HONRA

Chegou a sua hora!

Lembre-se de que tudo começa com uma entrega. Basta render sua vida ao Filho e ele o levará ao Pai; você receberá sua filiação e entenderá sua posição como membro da família de Deus.

Mas atenção! Existe uma luta. O Inimigo das nossas almas, o Diabo, está constantemente tentando nos afastar da nossa verdadeira identidade a todo custo. Ele sopra mentiras em nossos ouvidos e traz as acusações acerca do que passou. O seu objetivo é sempre o mesmo: roubar, matar e destruir (cf. João 10.10); porém, o nosso Senhor e Salvador, Jesus Cristo, veio para nos dar vida, e vida abundante.

Ela está disponível para você neste exato momento. Não importa o que você já fez ou deixou de fazer, inclusive seus traumas, dores e pecados. Entenda: nada que você tenha feito, ou vivido, de errado fará com que Deus Pai o ame menos. O fato é que ele ama você!

As Escrituras nos garantem:

> Pois estou convencido de que **nem morte nem vida**, nem anjos nem demônios, **nem o presente nem o futuro**, nem quaisquer poderes, nem altura nem profundidade, nem qualquer outra coisa na criação será capaz de nos separar **do amor de Deus que está em Cristo Jesus, nosso Senhor**. (Romanos 8.38,39 – grifo nosso)

RENDA SUA VIDA AO FILHO E ELE O LEVARÁ AO PAI; VOCÊ RECEBERÁ SUA FILIAÇÃO E ENTENDERÁ SUA POSIÇÃO COMO MEMBRO DA FAMÍLIA DE DEUS.

Não importa se a sua alma está enferma ou se você está distante do Pai, como o filho pródigo, foque no quanto o amor dele é intenso, profundo, vasto e alto. Em Lucas 15.11-32, Jesus conta essa parábola, que narra a respeito de um pai que tinha dois filhos: um decidiu exigir antecipadamente sua parte da herança e foi embora para uma terra distante; o outro, contudo, apesar de não ter saído de casa, vivia longe da intimidade do pai. Ele também estava perdido internamente como o seu irmão.

Quando Jesus compartilhou essa metáfora, ele estava explicando o funcionamento do Reino dos Céus, em que o pai representa Deus, e os dois filhos simbolizam aqueles que decidem viver seus próprios caminhos ou permanecer sem desfrutar da intimidade com o Pai.

O filho que saiu de casa, mesmo tendo um bom pai, decidiu colocar tudo de lado para "curtir a vida". Ele acreditou no engano de que era melhor viver longe do Pai, da intimidade, segurança, aconchego e princípios, julgando que só assim seria completo e feliz. Por isso, saiu de casa, esbanjou a herança e viveu de forma irresponsável, até falir completamente e passar a sofrer as consequências de suas escolhas. Distanciar-se do pai lhe causou um vazio tão grande, que ele se viu sozinho, necessitado e humilhado. Contudo, ao se encontrar nessa situação, caindo em si, lembrou-se da casa pai, reconheceu seus erros e decidiu retornar. Que maravilha! Tomar essa decisão foi crucial para salvar sua vida.

O amor divino é uma das maneiras que o nosso Deus usa para nos transformar, restaurar e nos levar a sonhar os seus sonhos.

Em compensação, o seu questionamento a partir dali começou a ser se o pai o aceitaria de volta. Será que poderia tornar-se filho de novo? Seria ele digno de ser aceito outra vez? Essas dúvidas são grandes mentiras, pois, quando reconhecemos o nosso estado, confessamos os nossos pecados e escolhemos receber o sacrifício de Cristo, somos aceitos novamente pelo Pai, independentemente do que tenhamos feito.

Talvez a sua realidade não seja a de um pai alcoólatra, ou uma mãe ausente. Quem sabe, você até tenha uma excelente família, mas no decorrer da sua história, acreditou nas mentiras que as circunstâncias lhe contaram e seguiu seu próprio caminho, pensando que poderia ser autossuficiente como o filho pródigo?!

Um dos trechos dessa parábola que mais me emociona é o momento em que aquele jovem chega à casa do pai com a expectativa de ser recebido como um simples servo, mas é **acolhido como filho** — pois essa era verdade de quem ele era, e também de quem fomos chamados a ser.

Por mais que o rapaz tenha crido na mentira de que não seria aceito como parte da família, devido aos seus erros, o pai sequer o questionou — muito menos o condenou. Ele esperou pelo jovem de braços abertos e o recebeu com seu imenso amor. Ele também pediu aos seus servos que o vestissem com roupas novas, pusessem sandálias nos seus pés e um anel em seu dedo. Creio que essa é a simbologia de que o pai lhe trazia **cura e nova vida**, por meio das vestes; um **novo caminho**, representado pelas sandálias; e **honra**, com o anel.

Deus age conosco da mesma maneira, pois sua graça é maior que o nosso sentimento de não pertencimento. Ele é o nosso Pai Soberano que está, constantemente, nos oferecendo cura, um novo caminho e honra. Ir ao seu encontro é o primeiro passo que devemos dar. A partir daí, as mentiras começarão a ser trocadas pelas verdades que ele afirma a nosso respeito. Portanto, corra em direção ao Senhor, e tenha convicção de que ele o receberá prontamente, não como servo, mas como filho.

Receba o amor.
Abrace a cura.
Rejeite todo pensamento de que não há esperança.
Não sabote a si mesmo.
Viva o privilégio que é encontrar alegria na presença de Deus.
Saiba que o Senhor o aceita como filho.
Há uma festa esperando por você.

QUAIS MENTIRAS TÊM APRISIONADO A SUA VIDA?

Ao longo de nossas vivências, muitas mentiras têm sido lançadas sobre nós, mantendo-nos cativos: incapacidade, medo, desvalorização, incredulidade, manipulação, ansiedade, isolamento, apatia, fracassos, amargura, inveja, fofoca, calúnia, ira, raiva de si mesmo ou baixa autoestima. Quem sabe, ainda, você se defina pela rejeição, uma vez que pode ter sido criticado, humilhado, acusado, invalidado, indesejado ou sofrido a indiferença de seus pais. É possível que tenha presenciado muitas brigas em família, e, assim, sinta-se inseguro em relação ao futuro. Também pode ter sido maltratado, inferiorizado, injustiçado, não amado, comparado, privado do básico ou abusado.

Tudo isso pode ter gerado feridas em sua alma, que se manifestaram em disfunção financeira, sexual ou doenças físicas. Mas o fato é que você pode sair dessa prisão e acabar com a sua dor. Encontrar um Pai é entender que fomos gerados nele, convidados a reconhecer a sua soberania para vivermos a liberdade do Céu na Terra. É eliminar as pendências de antigamente e as memórias nocivas que deixaram sequelas no presente. É deixar de acreditar nas mentiras e prosseguir mediante a cura e o propósito de Deus.

Se você esteve vagando como o filho pródigo, chegou a sua hora de retornar para a casa do Pai; e se nunca teve a oportunidade de conhecê-lo, hoje também é o seu dia.

Encontre o Pai!

O SEU ENCONTRO COM O PAI

O relacionamento mais importante que cada um de nós pode desenvolver na vida é com Deus. Não há decisão mais importante a ser tomada do que relacionar-se de forma plena, genuína e verdadeira com o Senhor. E isso só é possível graças a Jesus, que é o caminho, a verdade e a vida. Ele afirma:

> [...] **Ninguém** vem ao Pai, a não ser por mim. (João 14.6 — grifo nosso)

Crer que ele, e somente ele, pode levá-lo a ter a sua identidade de filho de Deus restaurada, assim como fez comigo, transformará o rumo da sua vida para sempre. Deus espera por você e deseja concedê-lo nova vida como parte da família divina.

Não permita que as mentiras venham invadir sua mente, a ponto de imaginar que iniciar um relacionamento com o Senhor seja algo muito complexo para se fazer. Isso é um engano. Encontrá-lo é algo acessível e descomplicado. Para ajudá-lo, compartilharei uma oração: a mesma que transformou a minha vida e que tenho convicção de que pode transformar a sua também.

Caso você ainda não tenha entregado sua vida a Jesus, ou esteja afastado dos seus caminhos, como o jovem de Lucas 15, repita essas palavras agora mesmo e convide-o para fazer morada em seu coração:

> *Senhor Jesus, eu creio que tu és o Filho de Deus, que tu morreste na cruz para me resgatar do pecado e da morte, e para restaurar meu relacionamento com o Pai.*
>
> *Eu escolho me arrepender e me afastar dos meus pecados, da orfandade e de tudo o que não te agrada. Eu te escolho. Eu me entrego a ti, e recebo o teu perdão.*
>
> *Peço que tomes o teu lugar de direito no meu coração como meu Salvador e Senhor. Venhas reinar em mim. Enche-me com o teu amor e a tua vida, e ajuda-me a tornar-me um filho amado de Deus Pai — semelhante a ti.*
>
> *Neste instante, eu recebo mais do teu amor. A minha identidade está firmada somente em ti. Restaura-me e use a minha vida para a tua glória! Muito obrigado, Senhor, por me ouvir através desta oração.*
>
> *Em nome de Jesus, eu oro. Amém!*

Reflita um pouco sobre essas palavras e o relacionamento que está prestes a construir com o Senhor. Seja bem-vindo à sua nova realidade como filho amado de Deus!

A LIBERTAÇÃO DA ORFANDADE

Agora que você já entregou sua vida a Cristo, o próximo passo que deve dar é pedir a Deus Pai que o liberte de todo o mal causado pela orfandade. Vamos orar!

> *Querido Deus, neste momento, para que a minha vida seja restabelecida e meu relacionamento de filho, restaurado contigo,*

peço que o teu amor de Pai — que jamais me abandonou — traga cura, libertação e transformação à minha vida.

Deus Pai, eu me coloco em teus braços como filho. Deposito todos os meus medos, inseguranças, sentimento de rejeição e sensação de abandono diante de ti.

Assumo e escolho hoje o teu amor em minha vida, para que venhas trocar o meu coração, que, muitas vezes se mantém duro e enrijecido, por um coração igual ao teu. Senhor, faça-me sensível à tua presença, à tua voz e direcionamento. Oro e lhe dou liberdade para que me cures de toda ferida que o abandono e o desprezo causaram em mim. Sare o meu coração de toda dor, solidão, ferida, trauma e desamor que vivi e carreguei até aqui.

Pai, eu clamo para que canceles o poder do espírito de orfandade sobre a minha história, e, se, porventura, meus pais não me desejaram quando souberam que estavam grávidos de mim, eu os perdoo e escolho acreditar nas tuas palavras quando o Senhor disse que me desejava e tinha pensamentos maravilhosos a meu respeito (cf. Salmos 139). Livra-me de toda mentira de que não sou importante, que não sou amado, que não sou bom o bastante ou que o Senhor não tem planos para mim.

Deus Pai, eu perdoo o meu pai terreno [e/ou minha mãe], perdoo-o por tudo o que ele fez e pelo que deixou de fazer. Hoje, eu entendo que ele ofereceu o que podia e, portanto, eu o libero e declaro que o amo.

Querido Pai, mais uma vez, eu entrego a minha vida a ti e clamo para que o Senhor me preencha com a tua vida. Eu me volto a ti com todo o meu corpo, alma e espírito; com todo o meu coração, minha mente e vontade. Tu és o Deus que me encontra, restaura e mostra a minha verdadeira identidade.

Faço esta oração, em nome de Jesus. Amém!

Permita-se ser acolhido por Deus neste instante, e pare por apenas alguns segundos, a fim de receber o seu amor. Dessa forma, você terá condições de amar e perdoar àqueles que não o amaram, os que não o acolheram nem o entenderam. Contemple e receba esse amor divino, que deseja construir uma nova história em você e através de você!.

Seja muito bem-vindo (de volta) à casa do Pai!

CAFÉ COM DEUS PAI

Em minha experiência como filho, uma das coisas mais difíceis em nosso lar, se é que posso chamar assim, era não desfrutar de um ambiente de comunhão, como um café da manhã, que possibilitasse nossos pais nos olharem nos olhos, e nós nos deles, e conversarmos sobre o dia que teríamos, ou mesmo um sonho que tivemos durante a noite.

Em minha trajetória cristã, fazer devocionais se tornou mais que um hábito, a possibilidade de me conectar com Deus Pai e, dessa forma, viver um relacionamento de intimidade com ele.

Deus, assim, colocou em meu coração que havia chegado o tempo em que ele me usaria para conectar e reconectar as pessoas com o Pai que eu encontrei. Mas não uma conexão qualquer, e sim uma intimidade genuína, conversas, experiências e tempo de qualidade.

Imagine se você pudesse, em determinado momento do dia, assentar-se numa pequena mesa com apenas duas cadeiras, uma de frente para a outra. Em uma das cadeiras está você com sua xícara de café, e na outra está Deus Pai — um olhando diretamente nos olhos do outro. Certamente, o olhar de ternura, afago e amor do Pai penetraria seus olhos no mais profundo da sua alma.

Foi, então, que nasceu o livro devocional *Café com Deus Pai*, título que Ele mesmo me deu. Lancei o primeiro em 2020 e, desde então, a cada ano, escrevo 365 mensagens exclusivas uma para cada dia.

Já aprendi que, quando o meu Pai direciona, o extraordinário acontece! Esse livro é hoje *best-seller*, tornando-se o mais vendido do Brasil em todas as categorias, e tem se expandido em vários idiomas por todo o mundo. É um projeto que ultrapassou as barreiras da religião e que conecta, a cada dia, os filhos ao Pai, como Ele mesmo sonhou.

Somos, hoje, milhares de pessoas no mundo tomando um café com Deus Pai! E você, já tomou o seu? Convido-o a desfrutar conosco dessa fascinante jornada!

HÁ UM PROPÓSITO PARA A MINHA VIDA

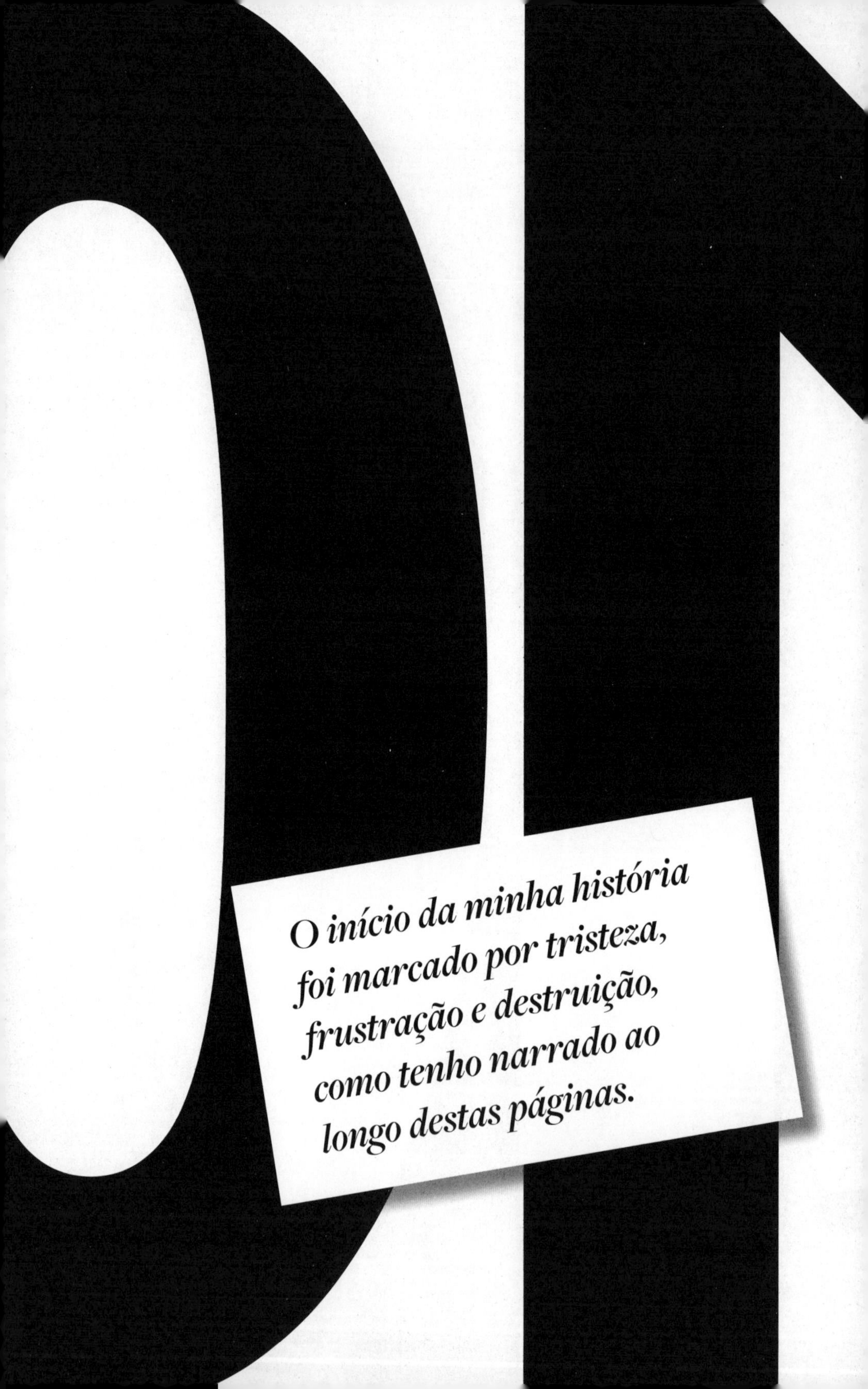
O início da minha história foi marcado por tristeza, frustração e destruição, como tenho narrado ao longo destas páginas.

PERCEBER QUE NENHUM SER humano nasceu por mero acaso, que há um motivo, uma razão, para cada um de nós estar na Terra, revolucionou a minha vida e de muitas outras pessoas ao meu redor. Porém, não é porque fomos criados com um propósito, que necessariamente já o conhecemos. A vida nos leva, frequentemente, por caminhos bastante tortuosos, que dificultam a nossa compreensão acerca de quem somos e de como podemos nos tornar o mais próximo de quem Deus nos fez para ser.

O início da minha história foi marcado por tristeza, frustração e destruição, como tenho narrado ao longo destas páginas. Olhando de fora, qualquer um poderia dizer que eu seria uma pessoa limitada e improvável pelo resto da vida. À minha volta, tudo o que existiu, por muitos anos, eram ruínas; não somente em minha casa, mas também em minhas emoções. Aliás, mesmo após a morte do meu pai, os estragos em minhas emoções foram o maior desafio a ser superado.

Em diversas ocasiões, trancado no meu quatro, escrevia alguns rascunhos externando as dores da minha alma, e colocando nessas folhas os pensamentos suicidas. Ali, eu dizia repetidamente: "Quero morrer, quero morrer!". Isso, porque eu não conseguia vislumbrar outra saída.

Eu era uma pessoa totalmente vazia e não enxergava sentido em minha vida. Não tinha objetivos, sonhos ou ambição alguma para o meu futuro. A pergunta que tantas pessoas fazem, "o que você quer ser quando crescer?", para mim, não havia resposta. Por mais que eu tentasse, ao olhar para mim mesmo, não era capaz de encontrar algo pelo que valesse a pena viver. Aos poucos, passei a perder o interesse até pelas mínimas coisas que me davam algum prazer.

Adolescentes que têm pensamentos suicidas costumam reagir aos fatos que lhes fazem mal de diversas maneiras. No meu caso, eu me isolava totalmente, e batalhava com sentimentos de abandono e desesperança em relação ao futuro. Os rascunhos que eu punha no papel acerca das minhas emoções e dores não conseguia expressar e nem externalizar para ninguém, além daquelas folhas em branco. E, ainda assim, o medo de alguém ler era tamanho, que sempre os rasgava em seguida.

Embora o índice de suicídio entre adultos seja o maior, o crescimento desse tipo de fatalidade entre os mais jovens é grande no Brasil. De 2016 a 2019, conforme os últimos dados disponibilizados pelo Ministério da Saúde, o suicídio na faixa etária de 15 a 19 anos subiu 42,34%, saltando de 2,72 para 3,9 por 100 mil habitantes. Em 2020, com a pandemia da covid-19, houve uma redução dos índices para 3,82. Contudo, em 2021, esses números aumentaram 5,24%, atingindo 4,02 por 100 mil pessoas.[1]

Em parceria com o Ministério da Saúde, o Centro de Valorização da Vida (CVV), principal associação de serviço voluntário e gratuito de apoio emocional e prevenção ao suicídio, luta para conter o crescimento de mortes autoprovocadas no país. Essa instituição, fundada em 1962, atende à sociedade por meio de ligações sem custo — pelo número 188 —, desde março de 2017. A partir do momento em que o atendimento se tornou gratuito, as chamadas saltaram de um para três milhões por ano.[2]

> *À minha volta, tudo o que existiu, por muitos anos, eram ruínas; não somente em minha casa, mas também em minhas emoções.*

Esses dados são extremamente alarmantes. Ter três milhões de pessoas no nosso país, em um único ano, pensando em tirar a própria vida é algo que deve nos levar a refletir sobre o quanto a nossa sociedade está doente. O que faz com que um ser humano deseje morrer a tal ponto de atentar contra si mesmo? A dor emocional é um dos piores males que alguém pode sentir; ela nos induz a uma constante autodepreciação.

[1] Brasil registra mais de seis mil suicídios em adolescentes em cinco anos. Associação Paulista de Medicina. São Paulo, 7 de outubro de 2022. Disponível em: https://www.apm.org.br/ultimas-noticias/brasil-registra-mais-de-seis-mil-suicidios-em-adolescentes-em-cinco-anos/#:~:text=As%20principais%20v%C3%ADtimas%20acometidas%20foram,3%.2C90%2F100%20mil. Acesso em: 4 de abril de 2023.

[2] Relatório Trimestral de Atividades Nacionais do CVV 2022. Disponível em: https://www.cvv.org.br/wp-content/uploads/2022/11/CVV_Relatorio_3Trimestre2022_JulAgoSet.pdf. Acesso em: 5 de abril de 2023.

Grande parte dos abalos psicológicos se inicia no seio familiar e pode se agravar diante de novos desafios, gerando pensamentos de impotência. Há várias mentiras sendo ditas ao coração de inúmeras crianças, adolescentes e adultos, de forma consciente ou não, que têm roubado de muitos a alegria e a esperança de um futuro.

Eu mesmo, durante o tempo em que tentava alcançar a aceitação do meu pai, julgava que, pela cor dos meus olhos serem diferentes dos dele, ele não me aceitava. Assim, para tentar diminuir a dor da rejeição, procurava, de algum modo, arrancar meus olhos com as próprias mãos, além de, algumas vezes, puxar os cabelos. Hoje, vejo jovens se cortarem tentando minimizar sua dor. Eles chegam em nosso abrigo destruídos emocionalmente. Grande parte disso é fruto da rejeição sofrida em algum momento da vida.

Por muito tempo, carreguei essas e outras mentiras a meu respeito como se fossem verdades, o que é um fardo pesado demais para qualquer pessoa suportar. É como Bill Johnson disse certa vez: "Se existe uma área da sua vida na qual não há esperança, é porque você tem acreditado em uma mentira".[3]

Todavia, chegou o tempo da verdade! Quando passamos a ter um relacionamento com o Pai, ele afirma quem realmente somos e o que de fato podemos realizar, quebrando todo o ciclo de engano que ronda nossa mente.

Lembra-se do dia que entrei em uma igreja evangélica pela primeira vez, a convite da dona Irene? Nunca me esqueço daquele louvor que me impactou profundamente assim que pisei naquele lugar. Além do trecho que compartilhei antes, ele continua, dizendo o seguinte:

> [...] Pra te adorar, oh, Rei dos reis,
> foi que eu nasci, oh, rei Jesus;
> meu prazer é te louvar,
> meu prazer é estar na casa do Pai [...].

[3] JOHNSON, Bill. **Dreaming With God: Secrets to Redesigning Your World Through God's Creative Flow.** Shippensburg, PA. Destiny Image Publishers. 2016.

Aí está a resposta pela qual procurei ao longo de toda a minha vida: adorar ao Senhor. Para isso eu nasci, esse é o meu destino, o maior propósito da minha existência. Dessa forma, compreendi que vale a pena viver.

Agradeço a Deus pela dona Irene, e por sua comunidade de fé que me acolheu. Sei que não foram essas pessoas que transformaram a minha vida, e sim o Senhor Deus; no entanto, elas foram cruciais nesse processo. Foi na igreja que tive a oportunidade de conhecer um Pai — aquele que compreendia a minha situação, que mudou completamente a minha história e revelou a minha verdadeira identidade de filho amado.

Nos primeiros dias após minha conversão, eu estava empolgado, vivendo algo poderoso com Deus em meu interior; porém, nada parecia se mover do lado de fora; a minha família continuava em situação caótica. Meu pai prosseguia agindo violentamente, enquanto eu, minha mãe e irmãs seguíamos sendo agredidos. Era uma sensação bastante controversa. Então, veio-me uma luz: percebi que, por mais que ao meu redor as coisas não se mostrassem diferentes, dentro de mim nada era como antes. Compreendi que a mudança se daria de dentro para fora. Assim passei a acreditar que era possível haver uma transformação na minha família a começar por mim.

Tomei consciência de que eu não havia nascido por acidente — que a minha mãe não negara o aborto por coincidência. Deus tinha um propósito para mim, e a isso eu me agarrava todos os dias. Conforme o tempo decorria, o ambiente da minha casa começou a mudar. A minha mãe foi tocada pelo Espírito Santo, depois minhas irmãs e até meu pai, em seus últimos dias. No fim, todos tiveram um encontro com o Senhor.

Muitas vezes, acreditamos que as coisas serão instantaneamente transformadas, o que pode ocorrer, mas, a grande maioria dos casos, não sucede dessa forma. Talvez até aconteça uma piora — isso pode anteceder a manifestação poderosa do Espírito de Deus sobre a situação. O enorme desafio daquele que crê é manter-se firme na convicção de que as promessas de Deus serão cumpridas. Ele é fiel, e é quem alinha e direciona as nossas vidas quando lhe damos permissão. Deus nunca perde as rédeas do Universo nem das nossas vidas.

Nada me impediu de continuar frequentando a igreja.

De fato, eu tinha encontrado um lugar seguro.

Finalmente, eu era aceito.

Por fim, havia encontrado um lar.

Eu tinha encontrado um Pai.

Somente isso importava.

Encontrar o Senhor é achar tudo o que precisamos!

Deus também está disponível para você, e anseia por encontrá-lo.

DOR CONVERTIDA EM POSSIBILIDADES

Desde que entreguei minha vida ao Senhor, e me deparei com a paternidade divina, comecei a perceber como a minha dor e tristeza poderiam ser remodeladas; primeiro, culminando para o meu próprio bem (cf. Romanos 8.28), e segundo, gerando um impacto positivo em prol da sociedade. Ao examinar a minha trajetória, constatei que tudo aquilo, de alguma forma, tinha potencial para se tornar poderoso nas mãos de Deus.

Dos treze aos vinte e dois anos, vivi um intenso processo de cura e transformação. Ao longo dessa temporada, aprendi a me relacionar cada vez mais com o Senhor e, desse modo, o meu autoconhecimento se expandiu. A cada passo, a cada história, a cada momento, ele revelava áreas em mim que careciam de cura, e as tratava.

Então algo muito interessante começou a acontecer. À medida que era resgatado, eu me envolvia no resgate de outras pessoas. Como tantas vezes eu me vi em situações de desespero que pareciam não ter fim, de repente surgiu uma oportunidade que não somente trazia restauração à minha alma, mas me possibilitava ser um agente

Por muito tempo, carreguei essas e outras mentiras a meu respeito como se fossem verdades, o que é um fardo pesado demais.

À MEDIDA QUE ERA RESGATADO, EU ME ENVOLVIA NO RESGATE DE OUTRAS PESSOAS. COMO TANTAS VEZES EU ME VI EM SITUAÇÕES DE DESESPERO QUE PARECIAM NÃO TER FIM, DE REPENTE SURGIU UMA OPORTUNIDADE QUE NÃO SOMENTE TRAZIA

RESTAURAÇÃO À MINHA ALMA, MAS ME POSSIBILITAVA SER UM AGENTE DE TRANSFORMAÇÃO QUE LANÇAVA UMA CORDA DE SALVAMENTO À QUAL MUITOS PODIAM SE AGARRAR PARA NÃO SUCUMBIR.

de transformação que lançava uma corda de salvamento à qual muitos podiam se agarrar para não sucumbir.

Deus tem feito isso de um modo surpreendente, além do que eu imaginava; é sobrenatural. Atualmente, vejo-me diante de novos desafios, que só o Senhor tem o poder para me ajudar a vencer. Na minha vida, decidi dar um basta ao mal, porque esta é a mensagem que carrego dentro de mim: **posso todas as coisas naquele que me fortalece** (cf. Filipenses 4.13).

Uma metamorfose havia se iniciado em mim, e quanto mais eu recebia do amor divino, maior era meu anseio e minha capacidade de amar o próximo. Recordo-me de que, em 2008, na maior enchente que houve em Itajaí, eu desejava ajudar todas as pessoas. Conversei com a equipe da empresa em que trabalhava, solicitando doações de alimentos, móveis e eletrodomésticos. Autorizado, juntei tudo o que podia e, na garagem da minha casa — uma vez que já estava casado e tinha meu lar —, ergui um centro de apoio aos necessitados.

Desde que entreguei minha vida ao Senhor, e me deparei com a paternidade divina, comecei a perceber como a minha dor e tristeza poderiam ser remodeladas.

O caos estava instalado em minha cidade, as famílias estavam sem esperança, as pessoas expressavam em suas faces o desespero de terem perdido tudo o que haviam construído por anos. Não falo de pessoas distantes do meu contexto, mas de vizinhos próximos e amigos íntimos; portanto, eu me sentia impelido fazer algo por eles.

Desde pequeno, carrego uma vontade de ajudar os outros, seja onde, como e quando for preciso. Entretanto, a partir dos meus vinte e dois anos, esse desejo se tornou mais recorrente e intenso. Em razão da minha história, eu tinha para mim que não poderia ficar de braços cruzados, apenas desfrutando de uma vida boa; poderia usar os recursos que tinha em mãos para auxiliar outras famílias a enfrentarem suas batalhas.

Nessa época, algumas perguntas começaram a surgir na minha mente; uma inquietação foi gerada dentro de mim. O Senhor começou a falar comigo por intermédio da passagem bíblica que conta a respeito de Neemias e o período em que a cidade de Jerusalém foi destruída pela guerra e pelos ataques do exército da Babilônia (cf. 2 Reis 25). Após algum tempo, o povo de Jerusalém foi dominado pelo rei Artaxerxes, e Neemias servia como seu copeiro; então recebeu a visita do seu irmão e de mais alguns judeus.

Eles falaram da situação de sofrimento e humilhação estabelecidos em Jerusalém, uma vez que seus muros haviam sido derrubados, e suas portas destruídas pelo fogo (cf. Neemias 1). Sabe o que um momento como aquele demandava? Uma pessoa catalisadora. Eu explico. Pense no funcionamento de um carro. Ele conta com um catalisador, cuja função é muito importante, pois se trata da conversão de gases tóxicos, resultantes da combustão do motor, em gases inofensivos, que reduzirão a emissão de poluentes na atmosfera.

Considerando a analogia, Neemias foi um líder que teve a capacidade de "catalisar" a destruição, sofrimento e derrota do povo, transformando toda a circunstância em nova realidade.

No meu caso, a destruição se dava dentro da minha casa. E eu, quando descobri meu propósito de vida, entendi que não podia ficar parado diante do que vivíamos ali. Precisava agir como Neemias, intercedendo pelo meu lar, posteriormente por minha comunidade local, então por minha cidade, e assim por diante. O meu desejo era ser usado como instrumento para amparar as pessoas ao meu redor a vencer seus medos, vícios e traumas com o auxílio de Deus.

Sempre digo para minha mãe: "Já pensou se tivéssemos esse entendimento antes, ou contato com alguém que pensasse assim?". Claro que havia vizinhos e amigos que nos ajudavam, mas eles traziam apenas medidas paliativas, enquanto nós precisávamos de uma completa restauração em nosso lar, um socorro verdadeiro, o qual encontramos somente no Senhor.

Hoje, você pode estar se sentindo como nos víamos anos atrás: sem direção, instrução ou força para lutar pela transformação da sua realidade; em contrapartida, estou aqui para mostrá-lo que há esperança. Por suas próprias forças, de fato, não existe saída, mas, em Cristo, você é fortalecido; nele está a capacidade de superar todo e qualquer obstáculo. Apenas confie, entregue seu caminho a ele e obedeça ao seu direcionamento. Tenho convicção de que você poderá vê-lo abrir um caminho no deserto, e trazer resposta onde não havia solução alguma (cf. Isaías 43.1-19). Só ele pode fazer tais coisas.

Como povo de Deus, fomos colocados neste mundo a fim de transformá-lo. Por isso, não tenha medo de enfrentar as ruínas; entenda que você foi chamado para mudar essa situação. O mais importante **não é a circunstância** em que estamos, e sim **a direção para a qual nos movemos**. Da mesma maneira como Neemias, aprendi a sentir a dor daqueles que sofrem na "minha Jerusalém". Muitos eu não conheço pessoalmente, mas sei que precisam de alguém que interceda em favor deles, seja em ação, palavras ou oração.

Olhe ao seu redor, atente-se aos necessitados, compadeça-se por suas dores. São tantos que precisam de ajuda! Levante-se, seja as mãos e os pés do Senhor nesta Terra, ofereça o abraço dele, expresse o amor divino. Ao fazermos isso a quem carece, na verdade, o fazemos ao Rei, como está escrito:

> Então o Rei dirá aos que estiverem à sua direita: "Venham, benditos de meu Pai! Recebam como herança o Reino que lhes foi preparado desde a criação do mundo.
> Pois eu tive fome, e vocês me deram de comer; tive sede, e vocês me deram de beber; fui estrangeiro, e vocês me acolheram; necessitei de roupas, e vocês me vestiram; estive enfermo, e vocês cuidaram de mim; estive preso, e vocês me visitaram".
> Então os justos lhe responderão: "Senhor, quando te vimos com fome e te demos de comer, ou com sede e te demos de beber?
> Quando te vimos como estrangeiro e te acolhemos, ou necessitado de roupas e te vestimos?
> Quando te vimos enfermo ou preso e fomos te visitar?"
> O Rei responderá: "Digo-lhes a verdade: o que vocês fizeram a algum dos meus menores irmãos, a mim o fizeram". (Mateus 25.34-40)

ACREDITE QUE DEUS
É QUEM ABRE AS
PORTAS, PROVÊ
OS RECURSOS,
DESPERTA O POVO
E DÁ A VITÓRIA.

E quanto a você mesmo, profetize com fé sobre o seu destino. Não use suas palavras para descrever a situação; use-as para transformar realidades. Acredite que **Deus é quem abre as portas**, provê os **recursos**, **desperta** o povo **e dá a vitória**.

Não tema a sua dor, tampouco seu passado. Essa fase já acabou! Encontre em Deus um novo rumo para a sua história. No meu caso, o Senhor me impeliu a criar projetos sociais e ministeriais capazes de contra-atacar as pedradas que eu e minha família havíamos levado. Os projetos que idealizei têm tudo a ver com as situações que vivi, e, dessa forma, Deus opera através de mim.

O meu desejo era ser usado como instrumento para amparar as pessoas ao meu redor a vencer seus medos.

Todas as iniciativas mencionadas nestas páginas, assim como as que virão — cremos nisso! —, têm o intuito de incluir e gerar um ambiente de cura às pessoas que se encontram emocionalmente destruídas por causa das circunstâncias que sucederam. Cremos que Deus tem poder para salvar e restaurar, independentemente do que tenha acontecido a cada um.

ENTENDENDO O PROCESSO DE CURA

A cura, na maioria das vezes, acontece por etapas. E para que seja completa, é preciso abrir mão do ego, deixar o orgulho de lado e admitir que você precisa de ajuda. Consegue se lembrar de como o meu próprio processo foi longo? A mudança teve início, primeiro, dentro de mim. No meu coração. Na minha mente.

Para ser sincero, eu queria vê-la ocorrer imediatamente na minha casa, mas isso não aconteceu. Apesar disso, eu alimentava a esperança de que o processo que meu Pai começara a operar em mim, e que gerava resultados tão bons, também se realizaria nos meus familiares. Eu cri com toda a fé que as promessas divinas não falhariam e o meu lar seria transformado. Acreditei que minha vida havia sido planejada e sonhada por ele. Então, com o tempo, tudo se tornou diferente. As mudanças foram ganhando espaço, e o plano divino se estabelecendo.

Do mesmo modo que a reconstrução dos muros de Jerusalém se deu por meio de fases, há também uma progressão de cura necessária para você. Foi possível com Neemias e as muralhas, é possível também em sua vida. Existe vitória, restauração, união familiar, conquistas, alegria, satisfação e muitas outras bênçãos da parte de Deus para o seu futuro.

Mantenha em foco que sua situação atual ou passada não o define. Esteja disposto a abrir o coração e a deixar o Espírito Santo cavar bem profundo para lhe mostrar onde está a causa da sua dor, e curá-lo verdadeiramente.

O Senhor não é como o seu pai terreno — mesmo que você tenha tido um bom pai, ele sempre será muito, muito superior. Deus está disposto a ajudá-lo a sair de um estado de dor e fragilidade, e oferecer amor, paz e um caminho próspero a você, afinal é o maior interessado em torná-lo livre. Ele nunca o decepcionará, não tenha dúvidas quanto a isso; pelo contrário, lembre-se de que ele é quem faz infinitamente mais do que pedimos ou pensamos.

O nosso Deus sempre traz cura, nunca decepção. Talvez você precise realinhar seus pensamentos aos dele para perceber isso, e a Palavra nos orienta nesse sentido em Romanos 12.2:

> Não se amoldem ao padrão deste mundo, mas transformem-se pela renovação da sua mente, para que sejam capazes de experimentar e comprovar a boa, agradável e perfeita vontade de Deus.

Não se permita ser amoldado pelos padrões deste mundo, e sim pelos pensamentos preciosos do Senhor a seu respeito.

IDENTIFICANDO O PROBLEMA

Existe uma máxima que diz: "Cada caso é um caso", e isso é verdade também para o processo de cura. Cada situação demandará um tempo diferente para chegar ao fim, portanto, nessa jornada, é fundamental não focar suas energias nas áreas erradas.

Quando refletimos sobre a passagem de Neemias, constatamos que nada foi fácil para ele. O profeta enfrentou oposição e muitos desafios, tendo de lidar com várias pessoas desacreditadas; mas ele não se abateu, pois seu foco estava na reconstrução para a qual Deus o havia direcionado (cf. Neemias 4). Eu também, ao entender que minha vida poderia ser diferente, tomei como prioridade aquilo que realmente importava.

Talvez você já tenha visto muitos canalizarem a energia para resolver problemas, como compulsão, ira, procrastinação, vício, rejeição ou traumas. Quem sabe, você também faça o mesmo?! No entanto, para que essas questões sejam solucionadas, é essencial ir mais fundo, e permitir com que o Espírito Santo acesse as raízes desses sintomas, afinal de contas a mudança genuína só pode ocorrer a partir do instante em que elas forem atingidas e tratadas. Isso, porque são as raízes que, frequentemente, guardam a orfandade e outros males.

É possível que esse seja o motivo pelo qual sua vida tenha se estagnado, e você não consiga viver de forma saudável e equilibrada. Como mencionei, a orfandade, em especial, causa isolamento, sensação de estarmos sendo punidos o tempo todo, faz com que nos escondamos em "cavernas" e nos "enjaulemos em grades" colocadas em nossa mente, causa medo de nos envolvermos com outras pessoas e traz disfunções em nosso convívio social. Ela gera irregularidades em nosso desempenho, incapacidade de assimilação, faz-nos ceder às pressões e ter comportamentos destrutivos.

Além disso, ela também provoca dependência, frieza emocional e sentimento de não pertencimento, o que nos leva a replicar maus comportamentos e a ter ações punitivas. A orfandade também é responsável pela quebra da intimidade, ou inaptidão para estabelecermos relacionamentos profundos, levando-nos a solidão, culpa e até religiosidade — que, por sua vez, leva a uma vida de aparências.

Você consegue perceber o tamanho dos estragos que a falta da "simples presença de um pai" pode acarretar?

MUDE A MANEIRA DE PENSAR SOBRE A DOR

Uma das ideias mais equivocadas que as pessoas têm a respeito da dor é que o tempo tem o poder de curar. Acreditam que se ignorarem o que estão sentindo, ou se fizerem "vista grossa" ao que lhes aconteceu, a dor desaparecerá. Isso não poderia estar mais longe de ser verdadeiro. Se o tempo curasse, creio que não haveria um idoso ranzinza ou rancoroso.

O tempo apenas faz com que a dor, que não foi devidamente tratada, ganhe mais espaço e tome proporções ainda maiores conforme o decorrer dos anos. Se você plantar uma semente e regá-la, ela crescerá; o mesmo sucede com a dor. Ao escondê-la no fundo da sua alma, cultivando-a com amargura e falta de perdão, ela crescerá em seu coração, misturando-se com outros males, e sufocará a sua capacidade de ser livre e pleno.

Em compensação, se você passar pelo processo poderoso de enfrentar a sua dor e arrancar, de forma intencional e com a ajuda divina, todos os danos que têm minado o seu coração, será curado. Não foque no desconforto que esse tratamento exigirá, coloque seus olhos em Jesus e na cura miraculosa que ele está operando em seu interior.

Por vezes, o fardo de nossas dores é tamanho e está há tanto tempo nos acompanhando, que passamos a crer que a vitória ocorrerá apenas por meio dos nossos esforços e boa vontade. Mas não podemos nos esquecer do que a Palavra afirma:

> O Senhor lutará por vocês; tão-somente acalmem-se. (Êxodo 14.14)

O contexto dessa passagem é justamente de libertação. Quem sabe, assim como o povo israelita se via debaixo do jugo de escravidão do Egito, você esteja aprisionado a mentiras? Pode ser que viva preso em escuridão, esperando ser resgatado. Pare de aguardar; "siga adiante!" (cf. Êxodo 14.15). Dê um passo, abrace o processo da cura verdadeira, confie em Deus, deixe-o lutar por você, mas faça a sua parte. Somente dessa forma, você terá vitória em sua mente.

Não permita que pensamentos negativos o escravizem; examine-os. Às vezes, durante o processo, você se encontrará tão

A cura, na maioria das vezes, acontece por etapas. E para que seja completa, é preciso abrir mão do ego.

angustiado, que seus pensamentos se parecerão com gritos de crianças birrentas. O barulho e a confusão que rondam sua consciência podem ser grandes a ponto de se tornar praticamente impossível concentrar-se na voz de Deus. Isso pode fazê-lo se sentir só e com medo.

Em momentos como esse, é necessário lidar individualmente com cada pensamento; separe os que forem perturbadores e confusos. Questione-os, um a um. Diga-lhes que eles não podem paralisar você. Da mesma forma que um pai amoroso confrontaria seus filhos, encare seus pensamentos, posicione-se frente a eles. Seja como Davi, que disse:

Se você plantar uma semente e regá-la, ela crescerá; o mesmo sucede com a dor. Ao escondê-la no fundo da sua alma, cultivando-a com amargura e falta de perdão, ela crescerá em seu coração.

> Tu me serves um jantar completo na cara dos meus inimigos.
> Tu me renovas, e meu desânimo desaparece;
> minha taça transborda de bênçãos.
> (Salmos 23.5, A Mensagem)

Ter esse posicionamento maduro quase sempre é desafiador, porque exige que você cave e vá fundo nos seus problemas. Enfrentar a dor é a única maneira de sermos verdadeiramente curados e encerrarmos esses ciclos de sofrimento. Somente desse modo, deixaremos de eliminar "gases tóxicos" pelo caminho que percorrermos. Lembre-se: o Catalisador transforma dores em recomeços, sofrimento em algo novo e significativo, segundo a sua divina vontade.

FORTALEÇA AS ÁREAS FRAGILIZADAS

Depois de descobrir as dores profundas de seu passado e enfrentá-las com maturidade, o passo seguinte é fortalecer as áreas que ainda estiverem fragilizadas em sua alma.

Nessa etapa do meu processo de transformação, comecei a procurar por pessoas em quem eu confiava para conversar; busquei por ajuda, pois desejava uma cura completa. Você precisa se colocar à disposição para ser auxiliado por cristãos maduros, que irão intervir nos pontos debilitados de sua vida e levá-lo a um novo nível de restauração.

Independentemente das razões pelas quais você tenha sofrido, a saída é mergulhar fundo no problema e resolvê-lo de forma integral. Sei que isso soa contraditório, mas é exatamente assim que precisa acontecer. Ao examinar com calma aquilo que o afligiu, as dores não poderão mais agir de forma sorrateira em sua vida; basta um pequeno sinal daquela angústia aproximar-se, e você o detectará, podendo eliminá-lo em pouco tempo.

Esse processo é tão poderoso, que garanto que você se tornará mais leve e cheio de alegria do que nunca. Arrisco em dizer que você será tão feliz, que contagiará os outros, e, passo a passo, estará auxiliando quem padece dos mesmos problemas que afligiram a sua vida.

Quando nos abrimos para a cura e tratamento divino, começamos a entender que, com Deus Pai , somos capazes de viver acima das circunstâncias que nos cercam. Lembre-se de algo importante que Jesus nos ensina em João 15.5:

> Eu sou a videira; vocês são os ramos. Se alguém permanecer em mim e eu nele, esse dá muito fruto; pois **sem mim vocês não podem fazer coisa alguma.** (grifo nosso)

De fato, sozinhos não podemos fazer coisa alguma. Dependemos do Senhor. Na realidade, graças ao seu amor, compaixão e misericórdia, ele nos capacita a perdoar, amar, sermos curados e tratados, desenvolvermos um caráter como o de Cristo e fazermos parte do seu grande plano nesta Terra.

Compreendi que, apenas em Deus, sou amado, completo e, por isso, capaz de amar e cuidar da minha esposa e filhos. O Senhor me mostrou na prática uma nova definição de paternidade e filiação. Ele cuida das minhas dores, me abraça, encoraja, corrige, capacita-me a ter relacionamentos saudáveis e tira de mim todos os estigmas do meu passado. Ele me deu um sacerdócio real (cf. 1Pedro 2.9), parte da família de Deus.

Somente o Senhor, com seu infinito amor, poderia resgatar e devolver a minha posição de filho. E só ele é quem pode fazer o mesmo por você.

O meu anseio é que você desfrute dos encontros profundos e únicos que Deus reservou para a sua vida, e receba seu abraço acolhedor neste exato momento. Não desperdice esse presente, e, ao longo da jornada, jamais se esqueça de que:

Você é filho!
Você pode, sim, ser curado!
Existe libertação e alívio para todas as suas dores!
Você tem um lugar à mesa com o Pai!
O Pai ama você!
Ele quer cuidar de você!
Receba o abraço do Pai!
Sinta-se parte da família!
Você nunca mais será rejeitado!
Há surpresas especiais reservadas para a sua vida!
Você é filho!

Sua **IDENTIDADE** pode
ser restituída,
seu **PROPÓSITO**,
restaurado,
e seu **DESTINO**,
transformado.

VOCÊ TEM UM PAI!

Palavras finais

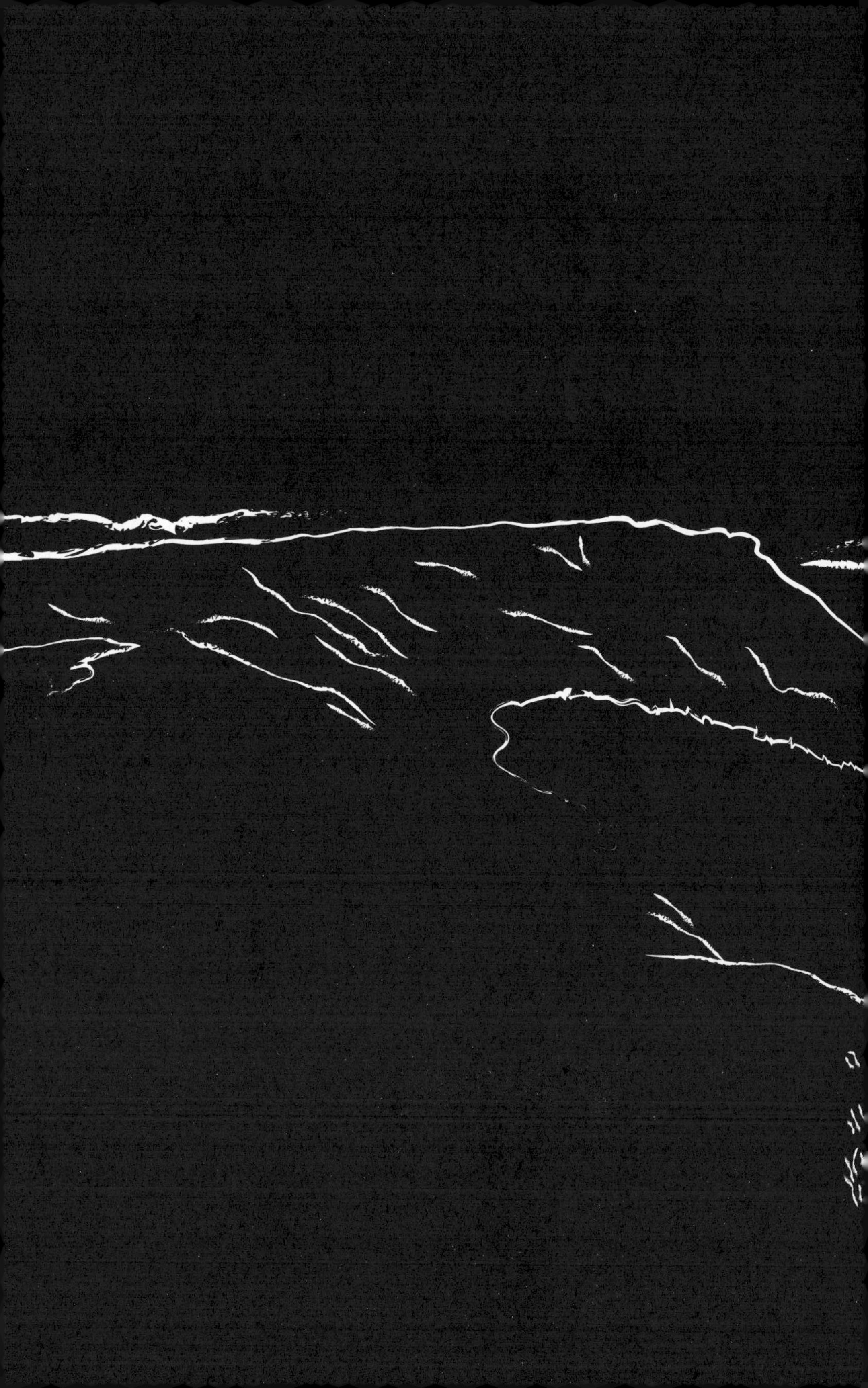

QUERO AGRADECER POR VOCÊ ter chegado até aqui e lido a história da minha família. É um privilégio poder compartilhar as minhas experiências e aprendizados. Espero que esta leitura o tenha levado a entender algumas verdades, como:

- ☑ Deus não se agrada do mal que aflige sua criação.
- ☑ Ele não se esquece de ninguém.
- ☑ Todos nós nascemos com um propósito.
- ☑ O Pai Celestial deseja ser seu Pai, independentemente de qualquer forma de paternidade que você tenha conhecido.
- ☑ Deus é o único capaz de restaurar, curar e transformar o seu coração e mente. Somente ele pode converter suas dores em algo bom, o que não impactará apenas sua vida, mas também a de todos que o cercam.
- ☑ Nosso Pai deseja ter um relacionamento pessoal e íntimo com você, para lhe proporcionar o cuidado e amor de que precisa. Ele deseja se encontrar com você todos os dias. O devocional *Café com Deus Pai* pode ajudá-lo nisso!

Como compartilhei ao longo deste livro, a ausência paterna me causou diversas dores, tanto físicas quanto emocionais e espirituais. Sabemos que não sou o único que sofreu com questões assim; ser órfão de pai vivo é um trauma que também aflige muitas crianças e adolescentes hoje.

Portanto, o objetivo desta obra não é simplesmente relatar uma trajetória de superação pessoal, mas atuar como uma ferramenta no processo de cura da orfandade e, consequentemente, de tudo o que ela gera — como medo, insegurança, sentimento de rejeição, vícios, e tantos outros males.

Abra diariamente o seu coração para o seu Pai Celestial. Lembre-se de que ele preferiu enviar seu Filho Unigênito, Jesus, para morrer de forma brutal e sangrenta naquela cruz a abdicar de um relacionamento pessoal com você. Ele o ama e está ao seu lado. O Senhor sente as suas dores, e, pelas feridas de Cristo, você pode ser sarado diariamente.

Conforme sua cura for acontecendo, ministre-a também àqueles que sofrem ao seu redor. Que os diversos testemunhos relatados aqui possam continuar ajudando e inspirando você a estender a mão, de alguma forma, a quem carece de socorro.

Gostaria ainda de encorajá-lo a buscar por irmãos maduros na fé para acompanhá-lo em sua trajetória com o Senhor. Eu posso testificar que ter grandes homens de Deus para me orientar fez diferença em minha jornada. Por isso, eu continuo caminhando ao lado de pessoas que me aconselham com sabedoria e com quem posso dividir meu fardo. Eles me auxiliam e colaboram em minha vida pessoal e ministerial. Faço isso a exemplo do nosso Mestre, Jesus, e recomendo que você também o faça.

Por fim, caso ainda não faça parte de uma comunidade de fé, proponho que busque uma igreja que o ampare e oriente, segundo a Palavra. Não se esqueça: a transformação de sua história já começou. Não permita que as circunstâncias o abalem e que suas emoções o dominem. Em Cristo, você é mais do que vencedor, tem uma família, é amado e aceito.

Finalizo esta obra, com muita alegria e o coração cheio, afinal sei que posso afirmar: nós encontramos o Pai!

Bem-vindo à vida abundante!